宁波市自然科学基金项目：基于多谱图信息融合的红酒品质鉴定关键技术研究（2017A610126）、宁波与东亚国家文化产业交流与合作研究（2016A10053）

宁波市教育局专项项目：新一代信息技术产业与现代服务业、先进制造业融合发展研究——基于宁波、温州和义乌的典型民营企业调查

宁波市发展研究中心决策研究项目：新一代信息技术促进宁波民营经济转型升级的路径分析

宁波市智团创业项目（宁波沃德信息科技发展有限公司）

宁波大红鹰学院浙江省一流学科（计算机科学与技术）

浙江万里学院浙江省一流学科（应用经济学）

宁波大红鹰学院工程硕士学位（计算机技术领域）培育点建设项目

宁波大红鹰学院科研团队项目：基于"互联网+"移动互联工程产业化

宁波市大红鹰学院校内科研项目

宁波市领军与拔尖人才培养计划

虚拟企业

过程集成关键问题研究

潘铁军　郑蕾娜　著

浙江大学出版社

图书在版编目（CIP）数据

虚拟企业过程集成关键问题研究 / 潘铁军，郑蕾娜著. —杭州：浙江大学出版社，2018.5
ISBN 978-7-308-16877-9

Ⅰ.①虚… Ⅱ.①潘… ②郑… Ⅲ.①虚拟公司—企业管理—研究 Ⅳ.①F276.6

中国版本图书馆 CIP 数据核字（2017）第 097487 号

虚拟企业过程集成关键问题研究

潘铁军 郑蕾娜 著

责任编辑	杨利军 沈巧华
责任校对	陈静毅 边望之
封面设计	杭州中大图文设计有限公司
出版发行	浙江大学出版社
	（杭州市天目山路 148 号 邮政编码 310007）
	（网址：http://www.zjupress.com）
排 版	杭州中大图文设计有限公司
印 刷	浙江新华数码印务有限公司
开 本	710mm×1000mm 1/16
印 张	11.5
字 数	231 千
版 印 次	2018 年 5 月第 1 版 2018 年 5 月第 1 次印刷
书 号	ISBN 978-7-308-16877-9
定 价	36.80 元

目 录

1

绪　论

1.1　引　言

20世纪后半叶,信息技术的迅速发展促进了市场的全球化。随着买方市场的形成,用户需求呈现出多样化、个性化的趋势,产品的市场寿命越来越短,企业能否以满足用户需求和社会要求的 T、Q、C、S、E(T:产品上市时间;Q:产品质量;C:产品价格;S:服务;E:环境)推出产品成为竞争的关键。为了适应灵活多变的市场,各种先进制造模式不断涌现。虚拟企业(Virtual Enterprise,VE)是在先进制造模式的基础上发展起来的新型企业,它被认为是 21 世纪主要的企业组织形式(汪应洛,1997)。

在虚拟企业的实践中,人们逐步认识到过程集成比单纯的信息集成更能提高企业的竞争力。从本质上看,虚拟企业实际上是过程集成在企业层面上的反映,是社会级集成的具体表现。虚拟企业的过程集成本身就是一个复杂的动态过程,它涉及各合作企业内部和之间大量的信息、资源、组织、利益及其相互关系。为了提高虚拟企业过程集成的效率和科学性,需要建立统一的过程模型,采取科学的过程集成方法和管理实施方法来保证过程的整体最优和成功实施,并需要相应信息框架来提供支持。本书将从以上方面对过程集成中的关键问题进行研究。

1.2 研究背景

产品和过程这两个概念回答了制造业中的两个本质问题——"做什么"和"怎么做"。所谓过程是指为完成企业某一目标而进行的一系列逻辑相关的跨越时间的活动的有序集合。用过程的观点来描述企业,即把企业看成是一系列企业过程的集合,而企业过程的组成元素是活动,活动与活动之间的相互作用和相互联系构成了企业运营过程。

企业过程可以描述为:$P=1\{A|R\}$。其中,P 表示一个过程;$A=\{a_1,a_2,\cdots,a_m\}$,表示该过程中所有活动的集合;$R=\{r_1,r_2,\cdots,r_n\}$ 表示活动与活动之间的各种关系。

过程集成是通过过程的并行执行和以多功能项目组为核心的扁平化组织,对企业过程进行重组和优化(改变 A 和 R),实现企业过程中的资源、组织和信息的集成。过程集成的概念和内涵随着企业概念的扩展而不断扩展,现代管理理念又为过程集成提供了新的思想基础。下面从各种先进制造模式和管理思想的发展角度出发对过程集成的演变进行阐述。

1.2.1 过程集成的重要哲理——并行工程

并行工程(Concurrent Engineering,CE)源于美国防御分析研究所 R. I. Winner 提出的"并行工程是产品和它的生产支持过程并行设计的系统化方法"。1988 年12 月,美国防御分析研究所并行工程小组给出了如下的定义:并行工程是一种集成产品及其相关过程(包括制造过程和支持过程)并行设计的系统化方法。这种方法试图使产品开发人员在设计一开始就考虑到产品生命周期中从概念形成到产品报废处理的所有因素,包括质量、成本、进度计划和用户要求。

该定义表明并行工程是一种并行设计的系统化方法、思想和哲理。它有如下几个特点:①它是一种系统化的工作模式;②强调与产品开发有关的一切过程尽早开始;③各过程同时、平行、交叉进行,并尽量减少交互过程中的反复次数,力争一次设计成功;④强调团队精神和工作方式。

并行工程将产品设计从信息集成提升到了过程集成的高度,消除了以往串行设计的弊端,大大缩短了产品的开发周期,降低了成本。近年来,随着互联网和电子商务的发展,并行工程向更高的层次发展,即协作工程(Collaboration

Engineering,CE)。协作工程又被称为新一代并行工程,它在产品开发过程中通过并行开发产品及相关过程,反映消费者期望,控制产品的生命周期成本、产量和上市时间。

并行工程是过程集成的一个重要哲理,它实现了产品设计领域内的过程集成。同样,并行工程也适用于企业其他领域的过程集成。

1.2.2 过程集成的精简方式——精良生产

精良生产(Lean Production,LP)是美国麻省理工学院于1989年出版的《美国制造业的衰退及对策——夺回生产优势》和1990年出版的《改变世界的机器》两本专著中提出的概念。它是一项在生产实践中总结出来的新技术(王应洛,1997;林建平等,1999),其特征是:①以"人"为中心组成工作组,充分发挥员工的主动性和创造性;②以"简化"为手段,简化组织机构,简化产品开发过程,简化与协作厂的关系,简化并消除一切不增值环节,简化产品检验环节,强调一体化的质量保证体系,保证在恰当的时候,生产出恰当质量的产品,提供给恰当的协作厂,即建立JIT(Just in Time,适时生产)供需链;③以尽善尽美为最终目标不断改进,即不断改进生产,不断降低成本,力争零库存、零废品和产品多样化,追求最少投入、最大产出、最多品种、最简单的过程、最高质量、最少浪费、最低成本、最具竞争力、最使客户满意。

实现LP有四项基本支持技术:①成组技术(Group Technology,GT);②适时生产;③全面质量管理(Total Quality Management,TQM);④并行工程。这四项基本支持技术分别体现了工艺、生产、检验、设计过程中的集成思想。

并行工程被应用于LP的过程集成以缩短其产品开发周期,确定JIT中合适的时间、地点和人员等因素。过程集成在LP中主要表现为对过程的精简,简化一切业务过程,消除所有不增值环节,奠定过程进一步集成的基础。建立在简化之上的集成才是有效的,它避免了集成的烦琐,减低了集成的难度,保证了集成的可实现性。LP对尽善尽美的不懈追求也是持续进行过程集成的思想基础。

近年来,LP应用于初创企业,产生了精益创业的概念。精益创业提到的三个主要工具是:最小可用品、客户反馈、快速迭代。

最小可用品,是指将创业者或者新产品的创意用最简洁的方式开发出来,可以是产品界面,也可以是能够交互操作的胚胎原型。它的好处是能够直观地被客户感知,有助于激发客户的意见。通常最小可用品有四个特点:体现项目创意,能够测试和演示,功能极简,开发成本低甚至是零成本。

客户反馈,是指通过直接或间接的方式,从最终用户那里获取针对该产品的意见。通过客户反馈渠道了解关键信息,包括客户对产品的整体感觉,客户并不喜欢或并不需要的功能点,客户认为需要添加的新功能点,客户认为某些功能点应该改变的实现方式等;获得客户反馈的方式主要是现场使用、实地观察。对于精益创业者而言,一切活动都是围绕客户而进行的,产品开发中的所有决策权都交给客户。因此,如果没有足够多的客户反馈,就不能称为精益创业。

快速迭代,是针对客户反馈意见以最快的速度进行调整,融入新的版本中。对于互联网时代而言,速度比质量更重要,客户需求快速变化。因此,不应追求一次性满足客户的需求,而应通过一次又一次的迭代不断让产品的功能丰满。

1.2.3 过程集成的企业级方式——虚拟企业

1988 年美国通用汽车公司(GM)与里海大学(Lehigh University)共同提出了面向 21 世纪的制造企业战略——敏捷制造(Agile Manufacturing,AM)(Nagel,1991)。虚拟企业是 AM 的核心内容,它采用灵活、多变的动态组织机构,以最快的速度集成企业内部优势和外部优势,组建动态联盟去响应市场机遇,共同开发和生产机遇产品。

虚拟企业强调技术、管理和人的全面集成,信息集成是虚拟企业集成的基础,过程集成是虚拟企业集成的重点。过程集成以信息集成为手段,实现企业内外部资源的优化配置、组织的灵活重组,以适应市场的多变需求、个性化趋势及日益激烈的竞争。从策略上讲,虚拟企业不强调企业的全能,也不强调产品从头到尾都自己去开发、制造,但强调不同企业过程间的集成,其特点是企业功能的不完整性、地域的分散性和组织结构的非永久性,即功能、组织和地域的虚拟化(林建平等,1999)。

从过程的角度看,虚拟企业是将实现某机遇的过程分解成功能相对独立的子过程,然后利用信息技术,在全球范围内寻找能够完成各子过程的优秀企业并与其结成联盟,利用动态联盟将这些过程有机地集成起来以实现机遇。极端情况下,虚拟企业本身是个空壳,完全利用各合作企业的产品设计、生产、销售及会计核算等业务过程运作,它只负责各过程的集成和调度。虚拟企业的出现符合当今市场全球化、企业模块化的趋势,小企业组成的虚拟企业有时也能够在大项目的竞标中获胜。例如,美国的肯塔基木制品企业网络(Kentucky Wood Manufacturing Network)连接了一些员工不超过 50 人的小企业,实现了小企业之间的集成,这使他们赢得了迪士尼世界一份 250 万美元的合同(詹姆斯·迈天,1999）。我国温州机械行业的小企业联盟也可以被看作是虚拟企业在中国现阶段的表现形式。

虚拟企业集成的广度从企业内部扩展到了企业外部,集成的深度从信息集成提升到了过程集成。虚拟企业本身可以被看作是过程集成的企业级方式,它是信息社会知识经济时代过程集成的高级形式。

1.2.4 过程集成的全球化方式——供应链

供应链(Supply Chain,SC)是跨越企业多个职能部门的活动的集合,它包括从订单的发送和获取、原材料的获得、产品的制造到产品分发给用户的整个过程。较早提出供应链问题的是美国国防部的 CALS 计划。随着 CALS 计划自身的发展和演变[从 Computer Aided Logistic Support(计算机辅助物流支持)到 Continuous Acquisition and Lifetime Support(连续采购和全寿命支持)],供应链问题受到了越来越多的重视,但更多还是从传统供求关系信息化的角度来考虑问题的,因此 CALS 提出和制订了一系列标准来规范供求双方的各种商务活动。

虚拟企业与供应链的结合赋予供应链问题新的含义和要求,虚拟企业中的供应链区别于一般供应链系统的特点在于,它可以根据动态联盟的形成和解体进行快速的重构和调整。它要求能通过供应链管理来促进企业间的联合,进而提高企业的敏捷性。它应支持如下功能:

(1)支持迅速结盟、结盟后动态联盟的优化运行和平稳解体;

(2)支持动态联盟企业间敏捷供应链管理系统的功能;

(2)结盟企业能根据敏捷化和动态联盟的要求方便地进行组织、管理和生产计划的调整;

(4)可以集成其他的供应链系统和管理信息系统。

以供应链方式结成的动态联盟称为供应链式虚拟企业,它的实施有助于促进企业间的合作和企业生产模式的转变。通过抓住商业流通这个龙头,协调、理顺每个企业的购销环节来为企业提供直接的市场信息和广阔的销售渠道,并以此为契机促进企业间的过程集成。

供应链包含了供应和需求两个方面的意义,准确地讲应该称之为供需链(Supply/Demand Chain)。虚拟企业可以被看作一个供应和需求结成的协作网络,全球供需链则组成了企业的生态系统。詹姆斯·迈天(1999)将产品或服务的进化称为一级进化,将过程的进化称为二级进化,而企业生态系统的进化是三级进化。一级进化主要是产品创新;二级进化主要是过程创新,如经营过程重组

(Business Process Reengineering,BPR),过程集成是过程创新的重要表现形式；三级进化是企业合作进化,如全球供应链虚拟企业。全球供应链将过程集成的广度扩大到全球范围,不仅是企业与企业的过程集成,而且是虚拟企业之间的过程集成,以及政府、金融机构、行业组织与企业之间的过程集成。全球企业的生态系统可以被看作是各个过程连接成的供需链网络,过程集成的目的就是缩短供需链的长度,使产品能够更简洁地送到消费者手中。

供应链式虚拟企业是当今虚拟企业最常见的组织形式(钱碧波,1999;真彤,1998)。供应链上的过程集成要求提高供应链本身的敏捷性和可重构要求以适应动态联盟的需要,这也是本书研究的重点。

1.3 国内外研究现状与不足

1.3.1 研究的现状

近年来,国内外学者有关虚拟企业过程集成的研究内容和已取得的成就主要集中在以下几个方面。

1.3.1.1 虚拟企业过程建模方法的研究

建立虚拟企业过程模型是过程集成的前提和基础。好的过程建模方法不仅能使模型便于重用和扩展,降低过程集成的难度,而且能使模型直接用于虚拟企业信息系统的开发,降低虚拟企业信息系统的开发成本,缩短开发周期,提高开发的效率和质量,保证模型与实施的一致性。

1)IDEF3 方法

IDEF3 方法是 IDEF 方法(IDEF 是 ICAM Definition 的简称,ICAM Definition 后来称为 Integration Definition Method,简称不变)中的一种,它能通过定义活动的顺序和关系来表达过程流。它有两种建模方式:过程流描述和对象状态转移描述。过程流描述作为获取、管理和显示以过程为中心的知识的主要工具,反映了事件与活动、参与事件的对象及其行为的约束关系。对象状态转移描述是获取、管理和显示以对象为中心的知识的基本工具,通过对象状态转移网络(Object State Translation Network,OSTN)图来表示一个对象在多种状态间的演进过程(陈禹六,1999)。

2)Petri 网方法

Petri 网是德国的 Carl Adam Petri 在 1962 年提出,后来由 Peterson 加以阐述的一种图形化、数学化建模工具,它为描述具有并行、异步、分布和随机性等特征的过程流提供了强有力的手段。作为一种图形化工具,Petri 网可以被看作是数据流图相似的通信辅助方法;作为一种数学化工具,它可以建立状态方程、代数方程和其他描述过程行为的数学模型。

3)RAD 方法

角色活动图(Role Activity Diagram,RAD)方法的原型是由美国学者 Holt 等提出的,用以表述协同工作中存在的问题。随后 RAD 图形描述方法的语义和语法逐步发展完善,并应用在企业经营过程的建模和分析中。

RAD 作为一种结构化过程建模技术,它强调角色间的相互作用和活动,以及与外部事件的连接,通过图形元素符号全面描述企业过程的主要特征(目标、角色、决策等)。

4)ePc 方法

ePc 图是 ARIS(Architecture of Integrate Information System,集成信息系统架构)体系中的过程模型图(控制视图),它采用事件功能链图描述,其中集成了组织、功能、数据视图中的组织、功能和实体信息,如组织视图中的“组织”、功能视图中的“功能”、数据模型中的“实体”(祁国宁等,1996;林东豪,2000)。

5)DEM 方法

DEM(Digital Elevation Model,数字高程模型)是 Baan 公司在实施 ERP(Enterprise Resource Plan,企业资源计划)过程中提出的一种方法,它让用户用自己熟悉的方式,根据公司内部和外界环境的变化,最快、最好地建立公司的业务控制模型、业务功能模型和业务过程模型,节约时间、消除浪费、降低成本和提高效率,以期在无法预测的持续、快速变化的竞争环境中求得生存和发展。DEM 方法的结构大致分为三个层次,即核心功能层Ⅰ、过程管理层Ⅱ和组织管理层Ⅲ。

6)OMT 方法

OMT(Object Modeling Technique,对象建模技术)方法是目前除 UML(Unified Modeling Language,统一建模语言)外最为成熟和实用的面向对象建模的方法之一,其采用面向对象的概念对系统进行分析和建模,通过定义对象属性和赋予对象操作来描述该对象的活动特点,然后再通过消息将对象内及对象与对象之间的关系反映出来。OMT 的基本图形符号如表 1.1 所示。

表 1.1 OMT 方法的基本图形符号

符号	意义
▤	对象类
△	普遍化—特殊化结构（类—子类结构）
△	组成结构
◇	关联
↔	消息

OMT 从三个方面对过程进行建模。三个模型分别是对象模型、动态模型和功能模型，每个模型从一个侧面反映过程的特性。

（1）对象模型：一个过程具有一个或多个属性和操作。属性描述过程的结构特征，体现过程的层次结构。操作描述过程的行为，表示在一定的业务规则指导与控制下，构成该过程的有关对象或子过程相关操作的协作活动。过程的对象模型描述其相对稳定的静态结构。

（2）动态模型：动态模型关心的是随着时间的变化，对象与对象之间关系的变化。对象与对象之间相互作用，导致它们的状态不断发生变化。过程的动态执行行为可抽象为过程的动态模型。

（3）功能模型：功能模型确定事件发生，事件是指一个对象对另一个对象的激励。动态模型决定什么时候、什么条件下发生，对象模型定位该事件发生在哪个对象上。功能模型反映的是系统模块的输入值和输出值。

以上方法各具特色，它们分别适用于不同的领域和不同过程的建模，但各种模型之间很难交流和转换，并且所建模型很难用于软件开发，这种情况严重阻碍了建模方法的进一步发展。UML 的出现打破了这种局面，UML 是吸收了 OMT、Booch、Jacobson 这三种面向对象建模方法的优点并集中了多个专家的经验而形成的成果。1997 年 11 月，UML 被国际对象管理组织（Object Management Group，OMG）全体成员一致通过，并被采纳为标准。它得到了许多软件开发工具供应商的支持，若干企业建模领域专家宣布他们将使用 UML 进行以后的研究工作。UML 的最终目标是在尽可能简单的同时能够对实际需要建立的系统的各个方面建模，在过程建模方面，它比现有的建模方法更好，能更全面地描述过程的特征。随着 UML 的进一步发展，它可能成为建模领域的通用语言(邵维忠等,1999)。

本书所提出的虚拟企业过程建模的方法也是一种面向对象建模的方法,该方法建立在 UML 基础上。因此,它能兼容以往面向对象建模方法的经验并具有更优异的性能。

1.3.1.2 经营过程重组

随着信息时代知识经济的来临,制造业开始从以量的扩张为主的粗放型生产经营方式转向以质的提高、创新为主的集约型生产经营方式,力求可持续发展。在这个过程中,每个行业、每个企业或每个部门的集约化经营只有通过不断地根据实际情况进行组织创新和经营重组才能实现。有关经营重组的研究在虚拟企业的过程集成中也得到了广泛的应用,特别是虚拟企业各伙伴企业(Partner Enterprise,PE)之间的过程集成领域。

经营过程重组(BPR)最早是由美国的 Michael Hammer 和 Jame Champy 提出的,并在 20 世纪 90 年代达到全盛。它强调以业务流程为改造对象和中心,以关心客户的需求和满意度为目标,对现有的业务流程进行根本的再思考和彻底的再设计。它利用先进的制造技术、信息技术以及现代化的管理手段最大限度地实现技术上的功能集成和管理上的职能集成,以打破传统的职能型组织结构,建立全新的过程型组织结构,从而实现企业经营在成本、质量、服务和速度等方面的巨大改善。BPR 的重组模式是:以作业流程为中心,打破金字塔状的组织结构,使企业能适应信息社会的高效率和快节奏。它适合企业员工参与企业管理,有利于实现企业内部的有效沟通,具有较强的应变能力和较大的灵活性。

BPR 关注的是企业的业务流程,一切重组工作都是围绕业务流程展开的。业务流程是指一组共同为顾客创造价值而又相互关联的活动,哈佛商学院教授 Michael Porter 将其描绘成一个价值链,指出竞争差异不是发生在企业与企业之间,而是发生在企业各自的价值链之间,只有对价值链各环节实行有效管理,才有可能真正获得市场竞争优势。

BPR 在美国和欧洲都获得了巨大成功。1992 年,IBM 新总裁郭士纳就职后,通过对 IBM 这个"蓝色巨人"进行大规模的企业重组,在 13 个流程项目上一年就节省 80 亿美金。波音公司面临激烈的市场竞争,特别是欧洲空中客车的后起直追,深感压力巨大。为了提高自身的竞争能力,波音公司以简化和优化为出发点,开展了企业重组工程,并制订了三项目标:①降低成本,价格再下降 25%;

②加强质量控制,故障率再降低 50％;③提高客户满意度,逐步做到使客户 100％满意。美国通用汽车公司通过企业重组,简化了烦琐的工作流程和臃肿的组织结构,结果大大降低了库存成本、管理成本和非生产性成本,取得了显著成效。

BPR 只给出了重组的理论,缺少能指导、支持流程重新设计的方法和工具,因此在早期也遭受了严重的挫折。Michael Hammer 和 Jame Champy 指出,约有 70％的 BPR 项目失败或未达到预期效果。我国学者对 BPR 在中国企业中的应用进行了研究,黄丽华等(1997)研究了企业流程重组的实施方法和技术并进行了大量的实践。丛高等(1999)提出一种流程再造的方法:通过规范构成流程的基本单位活动,按照一定的方法构建活动描述数据库,然后利用活动之间的相关性从数据库中搜索、回溯新流程的可行方案,并根据效用函数值得到最优设计方案。潘文灏等(1999)就业务过程重组的内涵、认识误区、与信息技术的关系和实施中的问题与发展前景进行了探讨。

虚拟企业扩大了 BPR 的优化空间,也使 BPR 的形式更加灵活多样。在虚拟企业过程集成中,BPR 从企业内部扩展到企业之间,其复杂性和风险也相应增加,企业的自治性和虚拟企业的时间性使 BPR 的约束也更严格,对所有过程进行 BPR 显然不可行,而且风险和代价都是巨大的。采用价值链方法确定关键的经营过程进行 BPR 是实用的解决方案,这也是本书提出的虚拟企业过程集成方法的基本思路。

1.3.1.3 工作流管理系统

由于过程集成的复杂性和市场的多变性,需要在虚拟企业各合作企业之间进行大量的协调管理和控制工作,BPR 也需要把人工或自动任务集成到分布式 IT(Information Technology,信息技术)环境中以提高绩效。因此,基于网络计算的工作流管理系统(Workflow Management System,WfMS)成为虚拟企业过程集成研究中的热点之一。WfMS 可以把人工业务或异质环境中的自动应用系统集成到统一的业务过程中,并利用企业已有的计算设施,通过任务间的依赖关系,进行复杂的任务协同调度。为了实现不同工作流系统之间的信息交换和协作,工作流管理联盟(Workflow Management Coalition,WfMC)还定义了工作流参考模型。

在工作流技术研究中,比较著名的有 IBM 公司 Almaden 研究中心的 Exotica,佐治亚大学计算机系的 Meteor、WIDE 以及 Mentor 等研究项目。Exotica

是基于持久消息队列的分布式 WfMS,它由许多具有自治能力的节点组成,每一个节点的运行都独立于其他节点,节点之间通过可靠的消息队列通知对方,避免了节点在过程运行中不断与服务器通信所造成的瓶颈,增强了系统的鲁棒性。Meteor 是具有自适应能力的 WfMS,它面向大规模的复杂工作流应用,能够在企业异构环境中正常运行,实现了任务的分布式调度。Meteor 还提供了图形化建模工具和工作流中介语言(Workflow Intermediate Language,WIL)、公共对象请求代理体系结构(Common Object Request Broker Architecture,CORBA)和 Web 的代码生成器。WIDE 的主要目的是利用分布式数据库和主动数据库技术来提供先进的、面向应用的 WfMS,它扩展了 WfMC 参考模型。Mentor 为工作流模型的定义、执行和控制提供了一个中间件平台。近年来,WfMS 的研究主要集中在以下几个方面:①更为灵活的过程模型,其方法是将过程定义延迟到运行时完成和用户参与;②面向对象,包括面向对象的实现方法和过程建模;③智能化,主要是通过实例学习完成业务过程的自动建模;④对同步协作的支持和对移动用户的支持;⑤基于 Web 的分布式体系结构。比较有影响力和代表性的工作流产品有 FileNet 公司的 Visual WorkFlo、JetForm 公司的 InTempo、IBM 公司的 MQSeries Workflow 和 Action 公司的 Metro 4.0(范玉顺等,2000)。

近年来,国内 WfMS 的研究也在朝着支持分布式异构环境下过程集成的方向发展。清华大学史美林等(1999)开发了适合虚拟企业的工作流管理系统,即一个基于 Web 的 WfMS。该系统实现了跨企业或机构的分布式应用,集成了数据库、目录服务、电子邮件和电话系统。刘铁铭等(2000)采用将工作流模型转化为集控 Petri 网的方法来实现企业过程集成的仿真。柴跃廷等(1999)设计了供应链式虚拟企业中的 WfMS 以支持敏捷供需链的优化运作。胡锦敏等(1999)提出一种支持系统重构、软件重用和规模可扩展的敏捷工作流系统以支持企业的动态联盟。

综上所述,WfMS 为虚拟企业提供了理想的过程集成和执行工具,它可以通过灵活地改变工作流程来适应虚拟企业的过程重组。虚拟企业中的业务过程常常涉及分布在不同地理位置上的许多资源、工具和人员,虚拟企业环境下的 WfMS 必须具有如下特点才能支持分布式任务的协同和调度:

(1)必须支持分布、异构环境下的工作流管理体系;

(2)工作流执行的可靠性要求高,必须能管理活动之间的约束与冲突;

(3)具备良好的人机接口;

(4)工作流模型的描述能力要强,符合工作流参考模型。

基于 Web 和 CORBA 技术的分布 WfMS 逐渐成为当今构造虚拟企业

WfMS 的主流。Web 作为客户端软件,具备简单、易操作的特点,可降低对用户端软件的培训难度。CORBA 作为分布式计算的标准,为 WfMS 提供了一个分布式环境下的计算平台。应用 Web 和 CORBA 技术实现工作流管理是一个有效的途径,这也是本书提出的工作流模型的实现方案。

1.3.1.4 虚拟企业过程集成的使能技术研究

在虚拟企业过程集成使能技术研究中比较重要的有敏捷制造使能技术战略(Technologies Enabling Agile Manufacturing,TEAM)计划、AAMRC(Americ Agile Manufacture Research Center,敏捷空间制造研究中心)计划、MT-AMRI (Machine Tool-Agile Manufacturing Research Institute,美国机床—敏捷制造研究学会)计划、Agile Forum(敏捷制造论坛)等。其中对 TEAM 计划的论述较为完整。为了在全球市场夺取统治地位,美国 TEAM 通过主要制造商、科研机构、政府组织之间的过程集成和协作,统一调配私营企业和联邦机构的资源优势,进行快速、灵活、有效的生产,加强美国企业在全球的竞争能力。TEAM 主要包括五个领域:产品并行设计、虚拟制造、制造计划和控制、智能闭环过程和企业集成。其核心是提供关键使能技术和工具支持开放的、“即插即用”的系统标准和概念,这些使能技术和工具使虚拟企业过程集成能实现快速重构。

Robert H. Brown 和 Hannu Syntera 在“Global Manufacturing in the 21st Century Final Report”中总结了支持虚拟企业过程集成的各种使能技术。其中主要包括:

(1)描述了全球制造环境下过程集成的信息控制和访问技术;

(2)描述了工程和产品集成体系框架,即分布式环境下,如何在设计和生产阶段进行过程集成以提高产品的可制造性;

(3)描述了扩展企业管理,重点讨论了如何在分布式环境下进行虚拟企业过程集成;

(4)描述了分布式环境产品模型和过程模型的集成技术;

(5)研究了支持过程集成的信息基础;

(6)建立虚拟企业通用理论框架来支持虚拟企业整个生命周期管理和企业级过程集成。

Alain Zarli 等(1999)对过程集成的需求和用到的 IT 技术进行了研究。他们给出一个建立在分布式对象上的虚拟企业过程集成框架,通过 CORBA 和 Java 技术建立起可扩展的虚拟企业信息基础,并对企业数据库的多样性和应用软件的异构性进行了研究,指出支持虚拟企业过程集成的信息系统应能在 Internet/Intranet 环境下以 Web 方式安全可靠地运行,应足够灵活以适应快速变化的商业环境(陈庆新,1999)。

John Canter 等基于电子商务和现代军事理论研究了虚拟企业过程集成。他们将整个虚拟企业的运作看作一个观察、定位、决策和行动的循环过程,并对这四个既相对独立又相互联系的过程的集成进行了详细讨论,给出了相应的实施工具。

Winter Green 对虚拟企业过程集成中的数据交换进行了研究,利用基于 CALS 的 EDI(Electronic Data Interchange,电子数据交换)来满足虚拟企业过程集成中的数据互操作和应用软件之间数据的无缝集成。

清华大学自动化系通过对企业活动本质特征的分析与抽象,将对象类、过程及系统模型作为基本构件,基于 O-O(Object Orient)方法研究了虚拟企业过程集成中的使能技术,给出了满足系统快速可重构性及适应性的解决方案,以 Extranet/Intranet/Internet 和 OMG(Object Management Group,对象管理组织)的分布式对象技术 CORBA 作为信息与应用集成的平台,采用 TCP/IP、IIOP (Internet Inter-ORB Protocol,网际 ORB 间协议)、EDI、KQML(Knowledge Query Manipulation Language,知识查询与操纵语言)等协议或标准进行通信与数据交换,采用浏览器作为人机接口(钱碧波,1999)。

1.3.1.5 支持虚拟企业过程集成的信息基础的研究

虚拟企业过程集成的关键在于合作伙伴之间是否存在敏捷的信息基础,并充分利用信息基础来改善合作伙伴之间的关系,从而降低成本,快速响应市场。目前比较著名且能有效支持过程集成的虚拟企业信息基础框架的研究有以下几种。

制造系统的敏捷基础框架(Aglie Instructure Manufacture System,AIMS)是美国国防部提出的第一个敏捷制造计划,其目标是利用先进的通信技术建立一个由制造商、供应商、顾客组成的敏捷电子网络(AIMSNet)。这个网络是开放的,任何企业都可在其上提供服务;这个网络是无缝隙的,通过它,企业从内部和外部获得服务没有任何区别。AIMS 提供的服务有注册申请、供应商信息、资源和伙伴选择、合同和协议、虚拟企业运作支持、工作组合作支持等。利用这些服务可使生产循环(从概念设计到产品交付)中的主要阶段都实现自动化,使虚拟企业各伙伴企业的过程集成能够快速实现。

计算机辅助制造网络(Computer Aided Manufacturing Net, CAMNet)是美国国防部高级研究计划局(Advanced Research Projects Agency, ARPA)提供资助,通用电气公司研究与开发中心开发的。它主张以计算机为基础,利用高速计算机网络把企业集成在一起。参加产品开发的合作伙伴能够在网络上协调工作,摆脱距离、时间、平台和工具等因素的约束,获取重要的设计和制造信息(诸如 CAD 模型、生产工艺、制造仿真、最新的顾客要求等)。CAMNet 开发出传递分布式制造信息和服务的使能器并将其包含在 WWW 服务器的工具箱内,其总体目标是将企业中各种以数据库、文本、图形和数据文件存储的分布信息通过使能器集成起来以供合作伙伴共享,这为虚拟企业各合作企业的过程集成提供了有力的支持。

美国企业网(Factory American Net, FAN)是《21 世纪制造企业发展战略》研究报告中提出的一个概念,它试图通过发达的高速信息网络通信系统把美国的制造业联系在一起,这意味着联网的美国企业类似一个大的虚拟企业,大大提高了资源的共享程度和制造的敏捷性。FAN 和 Internet 相比需要更多的增值服务和安全保密措施。例如,FAN 在信息交换和共享基础上提供并行工程服务。这一目标已在美国政府资助的 AIMS 项目中开始执行。这个项目用 AIMSNet 来验证多公司合作时的供应链管理,转包加工和在异地进行产品及过程联合设计、开发等工作的可行性,能充分满足供应链式虚拟企业的过程集成的需要。

国内的有关研究主要有:高济等(1999)对虚拟企业的集成化信息基础进行了研究,将虚拟企业的建立过程抽象为代理(Agent)的能力组合,建立了基于 Agent 的虚拟企业集成框架及其开发环境,其中过程集成表现为 Agent 间的协作。姚健等(1999)对分布式虚拟制造系统的框架体系进行了研究,分析了分布式虚拟制造的两个核心功能——并发活动控制和分布式信息系统管理,这也是过程集成的核心问题。陈庆新等(1999)对虚拟车间的异地协同调度进行了研究,说明了基于互联网并具有多智能体系结构的网络信息系统是实现虚拟车间调度的基础,并针对项目驱动的虚拟车间进行了项目异地规划、异地作业计划协同编制、项目进程异地协同监控研究,为虚拟企业车间级过程集成奠定了基础。李伯虎等(1999)提出一种面向服务、高效低耗和基于知识的网络化智造模式——云制造。云制造融合现有信息化制造、云计算、物联网、语义 Web、高性能计算等技术,能够为制造全生命周期过程提供可随时获取、按需使用、安全可靠、优质廉价的服务。2015 年 7 月,李伯虎做了《智慧云制造(云制造 2.0)——"互联网+制造业"的一种智造模式和手段》的报告,他指出:"标准化是经济社会发展的重要技术基础,在经济社会发展中发挥着服务创新和规范市场的重要作用。"

1.3.2 研究中的不足

虚拟企业过程集成因其复杂性、多企业参与性、组织动态性、联盟临时性等特点,研究涉及的内容和领域相当广泛。国内外对虚拟企业过程集成的研究尚处于初步阶段,在理论体系和实践应用上都不够成熟。总的来说,目前研究工作中存在着以下不足:

(1)虚拟企业过程建模的研究仅停留在理论上,不能将模型直接应用于虚拟企业信息系统的开发;对虚拟企业过程建模工具和方法的现实可行性估计不足,未充分利用现有企业建模领域的优秀成果和成熟的企业建模工具;没有典型的虚拟企业模型可供借鉴,缺乏对虚拟企业建模方法具体、深入的研究。

(2)虚拟企业过程集成缺乏系统的理论指导;缺乏虚拟企业过程集成和持续优化的方法,而这是虚拟企业保持不断增值的关键;对虚拟企业过程中的不增值活动缺乏有效的识别方法和全面的剖析,对虚拟企业过程集成的有关策略缺乏系统研究。

(3)虚拟企业过程集成中的项目管理研究比较少,而项目管理关系到过程实施的成败;缺乏对项目定义、分解、规划、执行、调度全过程的研究;没有将项目管理与工作流管理结合起来研究,而这二者的结合是提高过程实施可靠性、健壮性的关键。

(4)对虚拟企业过程集成中的智能化缺乏细致深入的研究,只注重信息的集成和流畅,不注重信息的采集、分析、处理和重用;缺乏对虚拟企业智能决策支持系统的研究,缺乏对虚拟企业智能平台的研究。

(5)虚拟企业集成框架的思想、方法、技术及应用等在深度和广度方面都存在不足,有必要根据各行业的特点建立虚拟企业领域框架来支持虚拟企业过程集成。国内对虚拟企业过程集成的信息基础缺乏全面深入的研究,没有形成产品化的虚拟企业平台。

1.4 选题意义和主要工作

1.4.1 选题意义

虚拟企业是 21 世纪主要的企业组织形式,而过程集成是虚拟企业提高市场竞争力的主要手段。虚拟企业的过程集成较一般企业在广度和深度上都有所增加,其难度和复杂性也大大提高。过程集成的速度和灵活性将直接决定产品的上市时间和成本。有效的过程集成不仅能提高虚拟企业的敏捷性,实现资源的合理配置和产品价值的最大化,而且能够获得更多的市场机遇,提高虚拟企业的竞争力。所以有必要对虚拟企业过程集成中的过程模型、集成方法、信息框架及实施方案进行深入的研究,本课题就是在这样的背景下产生的。本书依托国家"863"课题 OL-CIMS、HY-CIMS、HC-CIMS。

1.4.2 主要工作

本书以提高过程集成的敏捷性、实现价值最大化为目标,对虚拟企业过程集成中的关键问题进行了深入的研究。

虚拟企业过程集成是一项复杂的系统工程,它直接决定了虚拟企业的市场竞争力。笔者认为过程建模方法、过程集成方法、过程实施方法和信息框架的支持是过程集成中非常关键的问题,是过程集成实施成功的重要保障。

为了提高过程集成的敏捷性,首先需要建立可重用、可重构和可扩展的过程模型。该模型不仅应能够支持虚拟企业的过程集成,而且应能支持虚拟企业信息系统的开发。本书对虚拟企业过程进行了分析,根据虚拟企业的特点建立了虚拟企业建模体系,进而在吸收建模领域优秀成果——UML 的基础上提出一种面向对象的建模方法,该方法可实现模型向信息系统开发的无损转化,并考虑了模型被外部系统重用的问题。利用该建模方法,本书建立了虚拟企业部分模型,重点建立了虚拟企业过程模型和伙伴选择与评估过程的参考模型。针对过程模型建模难的问题,本书还研究了过程到对象的转换规则。

过程集成需要在科学的理论和方法指导下进行,科学的理论和方法使过程集成事半功倍。价值分析、过程优化和过程仿真是过程集成中的关键问题,本书从价值链的观点出发,结合 BPR 的思想,提出一种基于价值链的过程集成方法。首先,基于模糊理论研究了价值分析方法和优化方案评估方法,进而建立了价值链的理论框架和数学模型,并研究了虚拟企业价值链中的关键问题——产量联合决策。其次,针对价值分析的结果,本书对过程优化的策略和方法进行了研究,并给出了可供参考的过程模型。再次,结合价值链理论和过程优化策略,本书提出了一种过程仿真模型,对供应链式虚拟企业中的价值链进行了仿真,分析了"牛鞭效应"的危害并给出了预防和解决的措施。最后,本书设计了实现该方法的软件平台。

　　合适的过程实施方法是过程集成得以实现的有力保障。由于虚拟企业的动态性,过程的模型和集成方案在设计时的环境与实施时会有所不同。有效的实施方法可以修正过程集成方案与现实环境的偏差,控制实施的进度和质量。本书针对的虚拟企业的过程实施实际上就是其过程运营的特点,将项目管理同工作流管理有机地结合起来用于虚拟企业运营过程的管理和协调,利用项目管理中的项目分解方法和任务规划方法来制订项目进度计划,利用工作流管理系统作为项目管理的有力手段来驱动各应用系统协同完成任务并监控任务执行情况,通过项目控制与工作流调度的结合来控制任务的执行和调度。战略层的项目生产能力规划、战术层的任务进度计划和执行层的任务调度是项目管理的核心,本书对其都进行了深入的研究并给出了相应的算法。

　　多层次、全方位的信息框架可以为虚拟企业过程集成和实施提供有力的信息支持。它不仅使企业内部和之间的过程集成成为可能,而且保护了企业原有的信息投资。本书主要研究了虚拟企业信息基础应用层的使能技术:基于 CORBA 封装技术研究了分布异构的应用系统之间的对象互操作问题,保护了原有信息资源;基于 Agent 封装技术研究了应用系统之间在知识层次上的语义互操作问题,有力地支持了过程重组;基于联合意向研究了支持虚拟企业运营的 MAS(Multiply Agent System,多代理系统),并将其用于刻画虚拟企业的合作体系;基于 CORBA 和 MAS 研究了软总线/软构件式的信息框架,并将其用于支持虚拟企业的过程集成。通过信息框架可以解决虚拟企业分布异构应用系统的集成问题,建立可重用、可重构和可扩充的敏捷信息系统来支持过程集成。

2

虚拟企业建模理论与方法

2.1 引 言

虚拟企业过程集成涉及各合作企业之间及内部的过程、资源、组织和信息等,它具有多企业合作性、复杂性、动态性、时间性等特点,采用合适的方法和工具建立起虚拟企业过程模型成为过程集成的前提。因为过程同资源、组织和信息是密不可分的,有必要以过程模型为重点对虚拟企业多视图模型进行研究。

虚拟企业建模(Virtual Enterprise Modeling,VEM)是指通过简化,抓住虚拟企业过程及其相关因素的主要部分来建立虚拟企业模型。各种建模体系,如 CIM-OSA、ARIS 等,虽已被成功地应用到 CIMS(Computer Intergrated Manufacturing System,计算机集成制造系统)、BPR 等领域,但由于它们在很大程度上是针对单个企业建模的,还不能很好满足虚拟企业建模需求。为了使模型便于交流并能支持虚拟企业信息系统开发,本书在吸收建模领域成果的基础上提出了一种基于 UML 的面向对象的建模方法,该方法不仅可以提高过程建模的敏捷性,满足模型的可重用、可重构和可扩展要求,而且支持虚拟企业信息系统的开发,实现了从模型到开发的无缝集成和与外部系统的无缝连接。

2.2　虚拟企业的概念与结构

2.2.1　虚拟企业的基本概念

近年来,全球化和技术变革使市场竞争环境变得持续多变和不可预测,产品的生命周期日益缩短,技术含量越来越高。面对市场机遇做出快速反应,开发出用户需要的产品成为企业赢得竞争的关键。

虚拟企业是由多家企业为抓住迅速变化的市场机遇,在一定时间内,通过信息技术联系起来的跨企业组织。其中的各企业基于共同目标,彼此充分信任与合作,利用各自的核心资源,分担风险与共享利益,一旦机遇逝去,虚拟企业也将消亡。通过虚拟企业的运作可迅速集结满足特定市场机遇所需的核心资源,以最小投入、最好质量与服务、最快上市时间满足市场需求。核心资源是企业实现某一市场机遇所拥有的具有竞争优势的那部分资源,它包括物力资源、人力资源、财力资源和技术资源等。

虚拟企业一般由某一企业响应某一机遇而发起,发起企业称为盟主企业(main enterprise)。一般来讲,盟主总是最先发现并抓住机遇且具有机遇实现核心优势的企业。在虚拟企业中,盟主的作用主要为选择伙伴企业,对联盟运作过程进行协调与管理。响应盟主要求而参与联盟的企业,被称为伙伴企业(partner enterprise),伙伴企业是拥有实现机遇核心资源并与盟主企业优势互补的的企业。

2.2.2　虚拟企业的体系结构

虚拟企业的体系结构如图 2.1 所示。外部项目组(External Team,ET)表示参与动态联盟的各合作企业之间的联合组织,内部项目组(Internal Team,IT)表示虚拟企业各合作企业内部的组织实体。

(1)动态联盟体(Virtual Organization,VO),是虚拟企业的最上层组织。它是外部项目组的决策与协调中心。

(2)外部项目组是为实现虚拟企业机遇而组成的跨企业虚拟工作团队。根据机遇实现过程的需要,外部项目组一般可以分为制造外部项目组、设计外部项目组、销售外部项目组、供应外部项目组等,分别由盟主企业与伙伴企业派出的多个内部项目组以多种形式构成。

(3)内部项目组。内部项目组是合作企业根据机遇要求建立的项目工作组,它不与企业原有组织结构割裂,是对原有企业结构中的基本组织元(Basic Organization Unit,BOU)的优化重组。虚拟企业的内部项目组应具有很强的自组织和自适应能力,能很好地适应环境变化。组成内部项目组的企业基本组织元之间进行着频繁的交流和协作,且在动态过程中寻求最优组合以维持其核心优势。

(4)基本组织元。基本组织元是企业内部实现工作的最基本的工作单元,由一定的人、设备等资源构成,它是企业中相对稳定的部分。

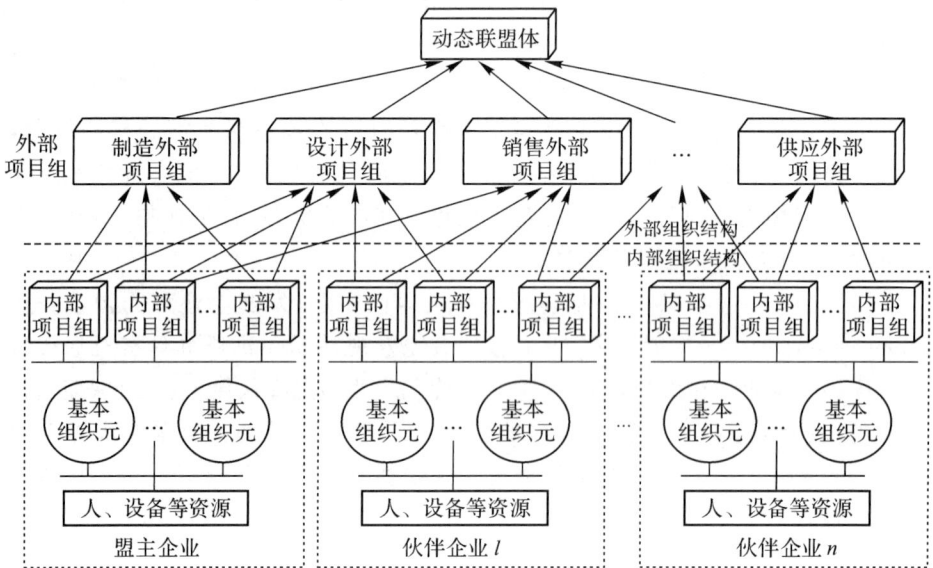

图 2.1　虚拟企业的体系结构

虚拟企业中盟主企业与伙伴企业之间的合作形式一般有供应链式、策略联盟式、合资经营式和转包加工式等。本书着重研究面向制造业的供应链式虚拟企业。

2.3　虚拟企业过程分析

为了建立虚拟企业过程模型,应先对虚拟企业过程进行分析,明确虚拟企业过程建模的对象。

建立虚拟企业的原动力是市场机遇,图2.2中C点表示机遇寻求的开始,也是虚拟企业建立的起始点。根据机遇的性质(如新产品、新市场等),盟主企业确定响应机遇所需要的核心资源,并根据内部资源水平进行差距分析,决定对所缺核心资源是通过扩充内部能力解决还是通过动态联盟进行资源外配。如果所缺核心资源(如构成新产品的某些特定零部件、某特定领域的知识和经验、某特定的加工设备和工具、具有某特种技能的员工、大量的资金等)只对特定市场机遇而言是关键和必需的,那么最好采用虚拟企业的方法来解决,以规避企业进入不熟悉领域的风险,避免企业变得庞大而失去灵活性和核心优势。

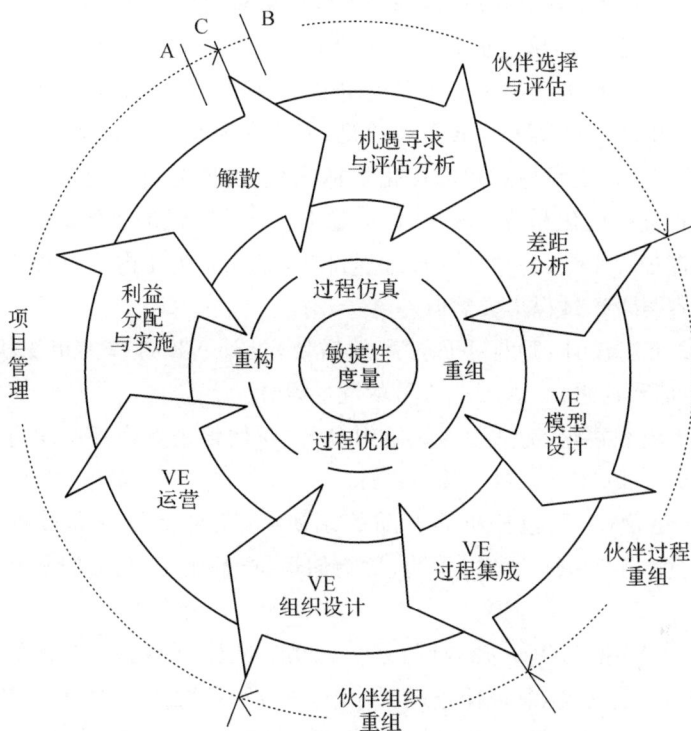

图2.2 虚拟企业过程分析

本书将虚拟企业过程分为机遇寻求与评估分析、差距分析、伙伴选择与评估、VE模型设计、VE过程集成、伙伴过程重组、VE组织设计、伙伴组织重组、VE运营、项目管理、利益分配与实施、解散等12个基本过程。这些过程的实现以敏捷性为主要的衡量指标,在一定条件下它们可以并行执行,例如VE运营和项目管理是两个并行的过程。图2.2对VE基本过程进行了描述,下面对各个基本过程进行分析以明确其中包含的子过程。

(1)机遇寻求与评估分析:通过市场调研寻找机遇,一旦发现机遇产品,就要对它的风险和市场前景进行评估以决定是否响应。

(2)差距分析:分析企业现有核心资源与机遇要求资源的差距,决定响应机遇的方式,并最终确定企业的战略方向和目标。如果决定采取虚拟企业的方式,盟主企业将根据各企业的核心资源及其专长、部件的重要程度和增值大小等考虑虚拟企业的组成和分工方式。

(3)伙伴选择与评估:盟主企业根据差距分析的结果对所缺核心资源进行招标,根据核心资源和企业资信度对投标企业进行初选,根据合作条件和影响机遇的关键因素对投标企业进行评价,综合评价结果对投标企业进行优选。

(4)VE 模型设计:确定机遇产品实现的全过程(包括设计、制造等),进行过程分析,建立以过程为主的集成化多视图模型,对模型归档以丰富参考模型库。

(5)VE 过程集成:根据 VE 过程模型,确定对价值影响最大的目标过程,用基准分析的方法确定目标过程的优化指标,通过价值分析确定过程中的不增值活动,对过程进行优化和仿真分析,保证虚拟企业价值链的整体最优。

(6)伙伴过程重组:为适应 VE 过程设计,对伙伴企业内部过程进行适应性重组,其内容与 VE 过程集成类似。

(7)VE 组织设计:根据 VE 过程的需要,设计 VE 过程的组织机构,包括ET—IT(内部项目组)—BOU—人员的逐层设计。

(8)伙伴组织重组:为适应 VE 组织设计,对伙伴企业内部组织进行适应性重组,包括 IT—BOU—人员的逐层设计。

(9)VE 运营:主要包括机遇产品的调研(收集产品设计和过程改进等资料)、开发设计、生产制造、物料采购、货物储运、产品销售、售后服务和财务结算等业务过程。

(10)项目管理:对 VE 进行项目定义、分解、规划、进度控制和评估,即对 VE 运营过程进行任务分解,制订任务进度计划,执行和调度任务,解决其中的各种冲突。项目的规划和进度控制通过对子任务进度和工作流执行情况的监控来实现。

(11)利益分配与实施:根据合作条件中定义的利益风险分配格局和运营情况,制订虚拟企业风险分担方案、虚拟企业利润共享方案、风险利益约束和评价机制,进行利益分配和风险分担。

(12)解散:根据价值评估进行各企业间财务结算,VE 解体。

在具体实施中这 12 个基本过程可能有交叉和合并。而且,VE 新的机遇寻求与评估可能发生在 VE 解散之后并有一段间隔,如图 2.2 中的 AC(A 为 VE

解散点);也可能发生在 VE 解散之前,如图 2.2 中的 BC(B 为 VE 解散点)。BC 反映了 VE 项目的重合度,这里存在下列问题:

(1)就产品的复杂性而言,一个 VE 提供的产品或服务可能是另一个 VE 的产品或服务的配套部件或技术,即盟主企业可能是更大规模 VE 中的伙伴企业。

(2)就机遇的连续性和多样性而言,一个盟主企业可能作为多个 VE 的盟主在运行。同样,伙伴企业也可能同时参与不同盟主的或同盟主的不同 VE,甚至是其他 VE 的盟主。

因此,各 VE 之间形成复杂的网状关系。这些相关性反映到现实中引起的最大问题是资源冲突。为了解决这个问题,应采取以下措施:

(1)对盟主企业而言,如果它处于各个 VE 的网络约束中,则应从自身现有的和经过适当扩张所能达到的可用能力水平出发,全面考虑各 VE 对核心资源的竞争关系及其相互之间的约束关系,考虑各 VE 并行工作的可能性,客观估计对新机遇的实际响应能力,从而决定是否响应该机遇。

(2)在伙伴选择与评估时,不仅要从伙伴企业的资信度、规模和最大生产能力等方面评估,最重要的还是从各企业的现状出发,分析各企业目前可用的核心资源水平。就某一具体机遇而言,生产力水平较高的小企业也许比生产任务饱和的大企业更具竞争力。

(3)在 VE 建模阶段,考虑企业内部和企业之间的资源约束关系。

(4)在 VE 运营阶段,采用科学的资源调度和冲突解决方案,通过冲突的预防、避免、检测和解除来解决执行过程中的资源冲突问题。

(5)通过价值链分析实现资源优化重组,剔除冗余资源,增加瓶颈资源。

VE 的建立和运营是一个逐步优化的动态过程,VE 过程模型也需要反复求精。

2.4　虚拟企业建模研究

虚拟企业模型应面向虚拟企业的全生命周期,以企业级的集成为基础,综合全面地反映虚拟企业过程、功能、信息、资源和组织多方面的内容,并应具备较好的动态性能。

2.4.1　虚拟企业建模体系结构

在参考 CIM-OSA、ARIS 等建模体系结构的基础上,建立 VEM 体系结构。

它从不同角度对虚拟企业进行了描述,规定了虚拟企业建模的阶段、内容、任务和模型构件的基本框架,为虚拟企业的开发和实施提供理论指导和规范化的标准。

VEM 体系结构是由生命周期维、视图模型维、通用程度维组成的一个三维的立方体结构(见图 2.3),体系结构的每个侧面描述了企业建模关心的不同阶段、不同视图和不同建模构件的通用性程度。视图模型维包括组织视图、资源视图、信息视图、过程视图和功能视图,并以过程视图为中心双向扩展来逐步建立其他视图(各视图表达了模型的一部分,也称为视图模型。比如,过程视图可理解为过程模型)。生命周期维面向虚拟企业模型的生命周期,定义了需求定义、设计说明和实施描述三个层次。通用程度维根据 VEM 构件的通用性,分为通用层、部分通用层和专用层。

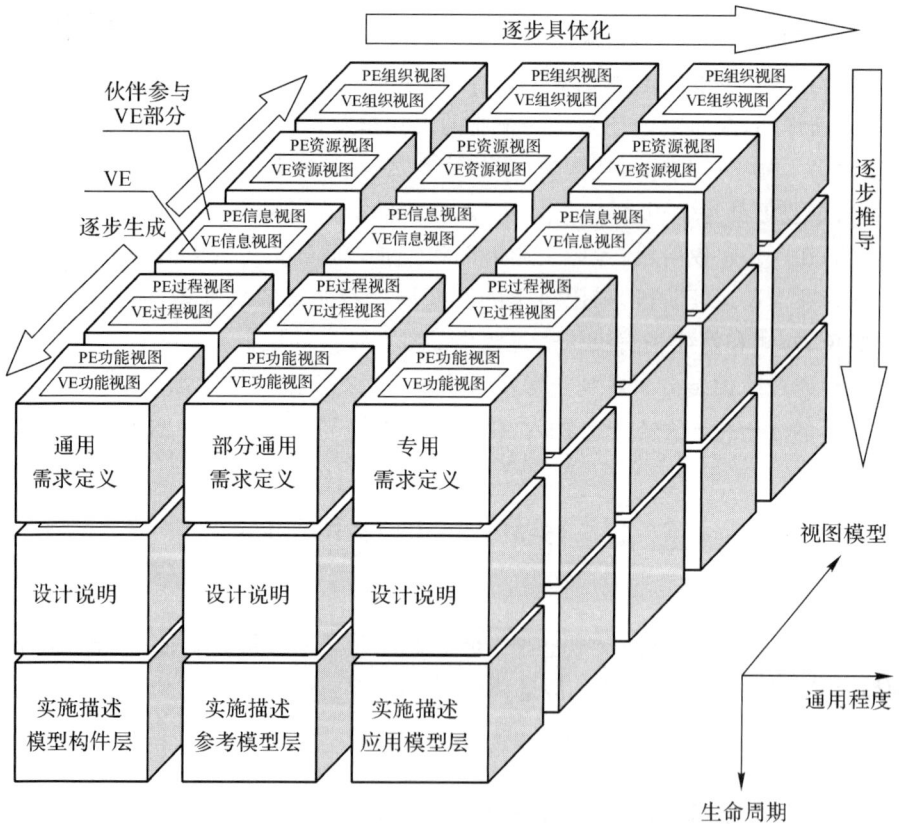

图 2.3 VEM 体系结构

2.4.2 虚拟企业集成化多视图模型

基于 VEM 体系,结合虚拟企业的特点建立虚拟企业集成化多视图模型(见图 2.4),它描述了各视图之间的联系,体现了企业外部的宏观集成与企业内部

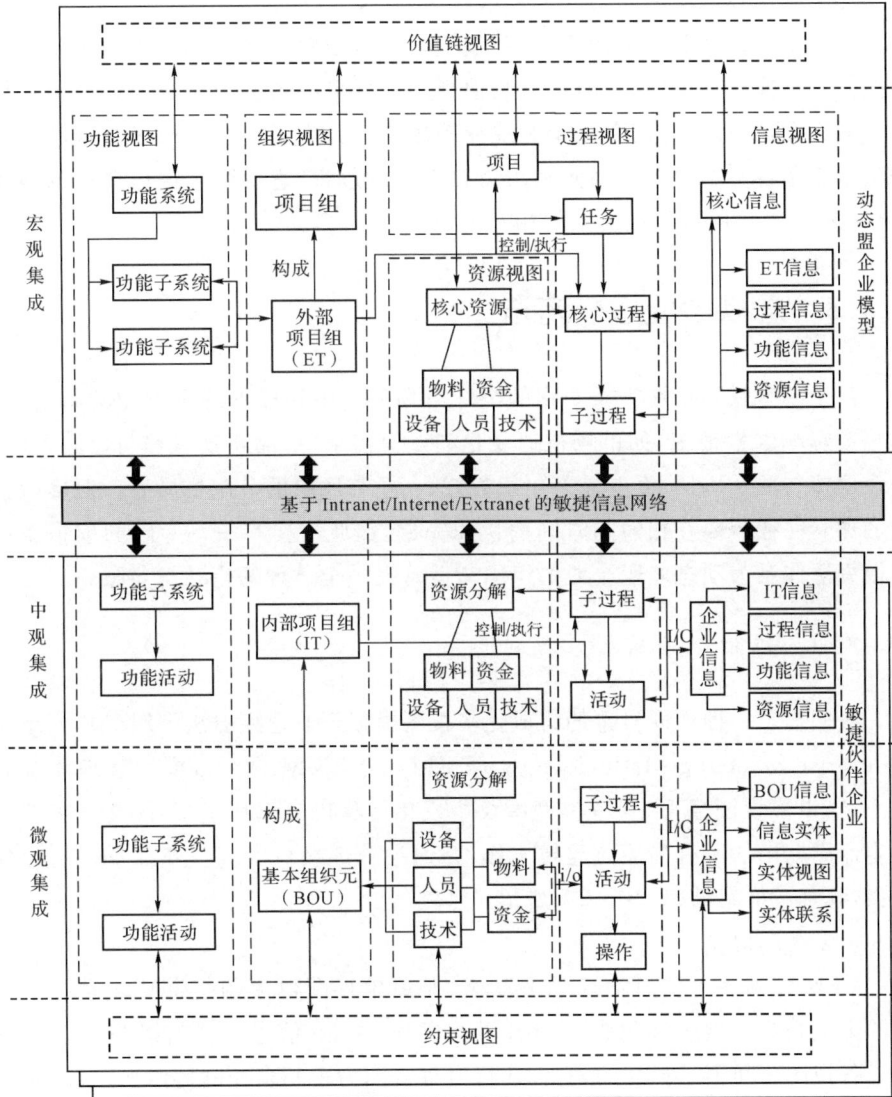

图 2.4 虚拟企业的集成化多视图模型

25

的中观与微观集成。三层集成模型由 VEM 体系的五个视图和两个辅助视图（约束视图和价值链视图）来进行描述。模型的上部为动态联盟的模型，下部为合作企业参与虚拟企业部分的模型，它是合作企业模型的提取与优化。

宏观集成是指参与动态联盟的外部项目组之间的集成。中观集成是指合作企业内部项目组之间的集成。微观集成是指合作企业内部基本组织元之间的集成。为了表达各视图之间的约束关系，我们引入了约束视图；为了表达各视图中元素对整个虚拟企业目标的贡献，我们引入了价值链视图。约束视图和价值链视图并不是独立的视图，它们是从其他视图中抽取有关信息形成面向特定目标的逻辑视图，物理上它们存在于其他视图之中。其中组织视图与资源视图的微观集成表示各基本组织元如何利用资源来执行过程，它反映了虚拟企业的体系结构（见图 2.1）中各组成要素的相互关系。

2.4.3 虚拟企业建模方法

由于动态联盟是在不断变化的全球市场环境中形成的跨企业的动态组织，其相关影响因素很多，如市场机遇变化与竞争需求、产品实现过程与核心资源、企业伙伴与关系协调、企业动态组织方式、利益与风险的分配格局等。但虚拟企业的建立往往需要在很短的时间内快速完成，因此需要有一套专门的虚拟企业建模方法体系为动态联盟企业的组织与运营提供全过程的指导与参照。

2.4.3.1 虚拟企业建模方法体系

我们提出一种面向对象的集成化多视图虚拟企业建模方法 VEMM（Virtual Enterprise Modeling Methodology, VEMM）。VEMM 体系以模型管理体系为核心，辅以多视图模型、参考模型库及集成化计算机支撑环境，共同支持虚拟企业生命周期中的所有描述与建模工作，并通过外部接口实现与外部系统的无缝连接，其基本框架结构如图 2.5 所示。

1）多视图模型

VEM 应从多个侧面描述动态联盟，避免单视图建模的信息缺乏问题。完整的虚拟企业模型应该包含动态联盟的过程、功能、信息、资源、组织等五个视图。各视图之间不是孤立的，它们应以过程视图为中心来控制其他视图，面向过程来定义所需的功能、资源、组织和信息。过程视图将引用组织视图和资源视图中定义的某些属性。

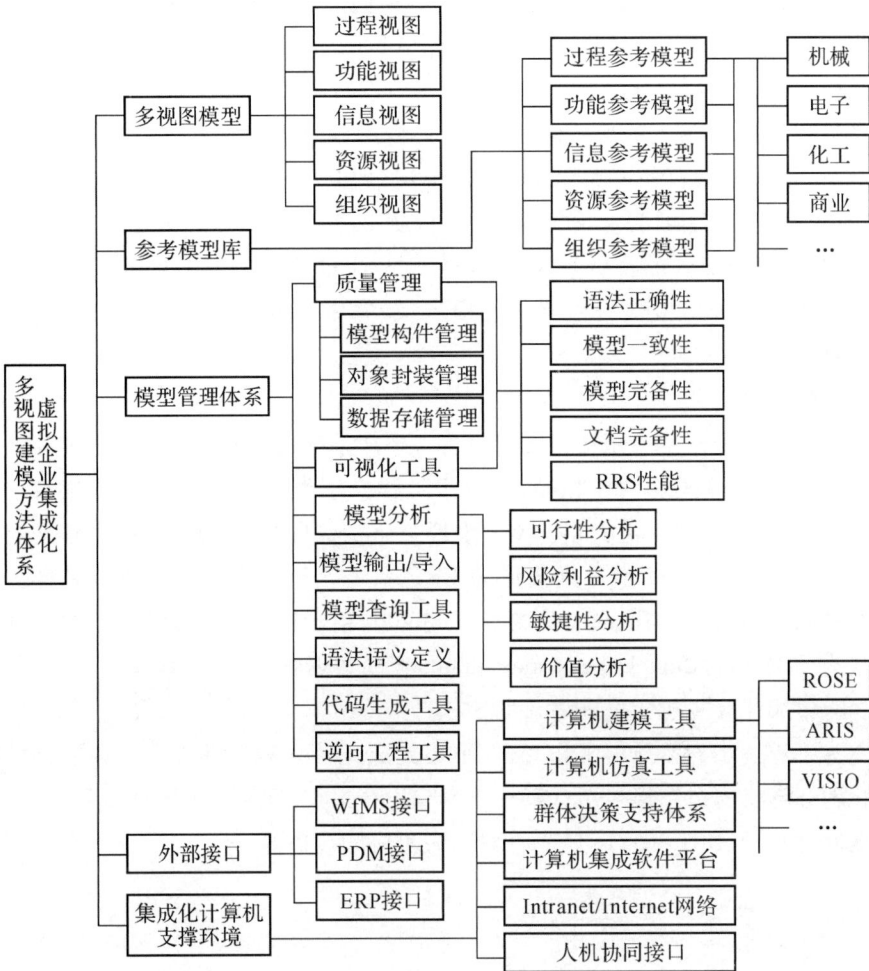

图 2.5　虚拟企业集成化多视图建模方法体系

　　模型采用面向对象的分析和设计方法以及 UML 表达方法,尽量使模型具有统一、可重用性、可扩充性和易维护性等特点。

　　2)参考模型库

　　虚拟企业参考模型库是提高 VEM 效率的有效方法。应研究不同建模阶段、不同模型视图的基本构件形式,建立基本构件模型库,并以不同的行业为背景分别建立虚拟企业参考模型库。

　　3)模型管理体系

　　模型管理体系包括质量管理、可视化工具、模型分析、模型输出/导入、模型查询工具、语法语义定义、代码生成工具和逆向工程工具等。其中,质量管理对模型的语法正确性、一致性、完备性、RRS(Reconfigurable,Reusable,Scalable;可重构、可重用、可扩充)性能和文档完备性进行检测和评价,可视化工具将评价结果以图形或图表的形式输出,模型分析用以对模型进行可行性分析、敏捷性分析、风险利益分析和价值分析等,模型输出/导入功能可使模型间转换方便,模型查询工具可为参考模型的查询提供方便,语法语义定义通过扩展 UML 以支持 VEM 的特殊需求,代码生成工具和逆向工程工具则实现了模型到信息系统开发阶段代码框架的无损转换,并维护开发的信息系统与模型的一致性。

4)外部接口

通过定义和开发专用接口实现模型与外部系统的无缝连接。鉴于过程模型与 WfMS 工作流模型的相似性,可以将过程模型作为 WfMS 的工作流参考模型,甚至直接作为工作流模型。鉴于虚拟企业模型与 ERP 模型在很大程度上具有一致性,虚拟企业模型可直接作为 ERP 系统实施的指导或开发的基础。另外,虚拟企业模型中与产品有关的资源、组织和信息模型所生成的代码框架可以直接为 PDM(Product Data Management,产品数据管理)所用。

5)集成化计算机支撑环境

为了进一步支持建模工作,需要采用集成化的计算机环境来予以支持。集成化的计算机支撑环境包括计算机建模与仿真工具、群体决策支持体系、计算机集成软件平台、Intranet/Internet 网络、人机协同接口等。

2.4.3.2　虚拟企业建模过程

使用 VEMM 方法进行建模包括建模准备、需求定义、设计说明、实施描述和运行维护共五个阶段,其中需求定义、设计说明、实施描述阶段针对 VEM 体系中的需求定义、设计说明、实施描述三个层次进行建模。各阶段要完成的工作内容如下:

1)建模准备阶段

(1)对机遇产品的核心过程进行业务调查、现状分析,获取市场和用户需求信息。

(2)建立 VEMM 的集成化计算机支撑环境,满足虚拟企业异构环境下分布式建模的需求。选择合适的建模工具,针对 VEM 的特殊需求扩展 UML 语法、语义。

(2)为了提高建模的效率,根据虚拟企业的实际情况,利用模型查询工具寻找参考模型库内相应行业的参考模型。如有合适的参考模型,对其进行适应性修改;否则,创建全新的模型。

2)需求定义阶段

在需求定义阶段主要完成建立定义层模型,它描述过程、组织、功能、资源和信息的需求。所有这些视图表述的内容都将完全地反映在设计说明层的细化描述中。

(1)在获取需求并进行过程分析后,根据分析的结果抽取过程,用活动图(或顺序图、合作图)建立起过程模型。

根据设计者对过程的理解、对 UML 的运用技巧及喜好可采用不同的表达方式来描述过程。一般来讲,需求定义层过程模型采用活动图表达较为合适。

(2)根据过程完成的功能,采用用例图来建立功能模型。用例图中包含角色(可映射为组织视图要素)、用例和各用例间的关系,每个用例表达一个功能实体。

(3)针对每个用例,编写用例说明来描述功能内部活动的业务流程,主要用领域语言描述需求。

(4)如果用例内部存在并发行为或者流程比较复杂,则建立该用例的活动图。这里的活动图用来辅助说明用例,但也可以用来作为进一步过程分解的参考。

(5)根据功能模型中的角色确定组织模型。该阶段主要描述组织的需求。

(6)根据过程、功能和组织模型中涉及的信息和资源建立起资源模型和信息模型,主要表达机遇产品的资源需求和信息需求等。

3)设计说明阶段

在设计说明阶段主要完成设计说明层模型,它是整个建模环节的关键,以需求定义层模型为基础进行更为深入的建模。该层涉及过程内部细节的设计,需要伙伴企业更深入地参与,各模型分解的层次和细化的粒度以及建模的先后次序视具体情况而定。

(1)将需求定义层模型按企业功能分解为相对独立的子模型,采用模型输出(Export)功能将子模型分发给各合作企业。盟主企业负责本企业内部的建模和维护各伙伴企业子模型相互联系的部分。

(2)各企业根据子模型进行建模,并定期或不定期地更新盟主企业保留的模型关联部分,保持同盟主企业相关部分版本的一致性。

①过程模型:设计说明层的过程模型是对需求定义层的过程模型进行分解和设计。随着过程的细化,其所涉及的资源、组织和信息也越来越具体。过程分

解的粒度要满足职责可述性,即在虚拟企业过程中,大量活动的结果是完成了某种功能,起了某种作用,造成了某种影响等。为建立适合虚拟企业的过程模型,可能会引起伙伴企业过程重组,这一阶段是动态联盟与伙伴企业互相设计、互相满足的过程,伙伴企业提供过程重组方案给动态联盟,以实现优化过程设计。根据分解的粒度,过程模型用活动图、顺序图和合作图表示。

②功能模型:设计说明层的功能模型是在需求定义层功能模型的基础上对其进行分解和设计,并对分解的各功能实体进行描述。每个功能实体需要一个或多个过程来实现。根据集成的需要,可用包图对功能实体进行划分而形成功能子系统。

③信息模型:信息模型是从信息集成的角度,对机遇产品实现所需求的信息及其传递与交换关系进行详细的设计与描述。在设计说明层阶段,信息实体的粒度视其他视图分解的粒度而定。信息模型可采用多种模型图表达,但一般以类图为主。

④资源模型:资源模型对需求定义层资源模型进行分解和设计。根据资源的类型建立资源分类树,根据资源的地理分布建立资源池。

⑤组织模型:设计说明层的组织视图是对需求定义层组织视图的分解和设计,用来描述组成动态联盟的 ET—IT—BOU—人员组织结构及其相互联系。组织模型的设计可能会引起伙伴企业的组织重组,有效的组织重组可降低过程集成的难度。

⑥约束模型:根据需要抽取各视图之间的约束关系创建约束视图。

(3)各伙伴企业完成子模型设计后,盟主企业采用模型导入(Import)功能将子模型引入。

(4)对子模型进行联接优化,建立总的模型一览图,检查模型的正确性、完备性和一致性。

4)实施描述阶段

在实施描述阶段完成实施描述层模型,它是在设计说明层的基础上面向过程实施建立企业模型,其描述的粒度以能满足过程实施为宜。

(1)过程模型应描述到基本操作,建立其详细的顺序图或合作图。功能模型、资源模型、信息模型应描述到原子级实体对象,并将对象类分配到相应的构件图中以支持动态链接库和执行代码的生成。信息模型直接转化为可映射为各种数据库的中性文件。

(2)根据虚拟企业分布性和动态性特点,对其软、硬件和运行环境进行部署,建立配置图。

（3）模型仿真及实例化。将虚拟企业模型实例化,对其信息流、物流、价值流进行仿真优化,根据需要进行可行性分析、风险利益分析、敏捷性分析和价值分析,建立价值链视图。

5）运行维护阶段

（1）文档管理和版本控制,可借助相应的文档管理和版本控制软件来进行。

（2）从模型构件、对象和数据层对模型 RRS 性能进行评价,抽取通用部分丰富参考模型库。

（3）选择需要生成的面向对象语言,利用代码生成工具生成支持信息系统开发的代码框架。选择需要生成的数据库类型,利用代码生成工具生成支持信息系统开发的数据库。根据开发中的变动利用逆向工程工具更新原模型。

（4）定义并开发模型与外部系统的接口,完成模型与 WfMS、PDM、ERP 系统的无缝连接。

根据以上虚拟企业建模过程,可以给出 VEM 不同视图在主要阶段的描述内容和表达方法。VEM 的三层次五视图描述的内容如表 2.1 所示。

表 2.1　VEM 过程的描述内容

五视图	三层次		
	需求定义层	设计说明层	实施描述层
过程视图	实现机遇产品的过程需求	核心过程分解与设计; 子过程与活动描述	所有活动实体描述; 所有活动操作描述; 所有操作过程控制描述
功能视图	功能需求	功能分解与设计; 子系统功能设计; 功能活动实体描述	所有功能分解设计; 所有功能活动实体描述
信息视图	信息需求	过程信息描述; 资源信息描述; 组织信息描述	所有企业对象描述; 所有对象视图描述; 所有企业对象联系描述
资源视图	资源需求	核心资源分解; 资源类型描述; 资源模型描述; 资源控制模型描述	所有资源实体模型描述; 所有资源控制模型描述

续表

五视图	三层次		
	需求定义层	设计说明层	实施描述层
组织视图	组织需求	项目组构成描述； BOU 和人员描述； 合作形式描述； 组织任务与权限描述	所有组织实体模型描述； 所有组织关系描述

  VEM 各视图的表达方法如表 2.2 所示，根据模型图的表达功能将其分为不同的功能域（邵维忠，1999）。

表 2.2　VEM 体系与 VEMM 表达体系之间的映射关系

功能域	UML 模型图	主要概念	VEM 视图模型				
			过程视图	功能视图	信息视图	资源视图	组织视图
静态结构	用例图	类、关联、泛化、依赖关系、实现、接口		○			○
	类图	用例、角色、关联、扩展、包括、泛化			○	○	○
	构件图	构件、接口、依赖关系、实现			○	○	
	部署图	节点、构件、依赖关系、位置				○	○
动态行为	状态图	状态、事件、转换、动作	○		○		
	活动图	状态、活动、完成、转换、分叉、结合	○		○		
	顺序图	交互、对象、消息、激活	○		○		
	合作图	协作、交互、协作角色、消息	○		○		
管理	包图	包、子系统、模型	○	○	○	○	○
扩展	所有	约束、构造型、标记值					

注：○代表该 VEM 视图可以用相应 UML 模型图来表达。

2.5　虚拟企业模型各视图的描述方法

上节以上进行了虚拟企业过程分析并提出了 VEMM,本节将根据过程分析的结果,运用 VEMM 建立部分虚拟企业模型,重点是过程模型。同时,本节也将阐述各视图的 UML 描述方法。

2.5.1　过程视图

过程视图是对虚拟企业过程的一种抽象描述,它利用可视化的方式描述了虚拟企业的基本活动及其控制功能。

VEMM 采用以下方法描述过程视图:①将企业中的人员、物料、资金、信息抽象为对象类;②将为实现某一目标或功能的相关活动抽象为过程;③将过程的实现抽象为组件;④由对象或子过程构成过程静态结构;⑤由对象之间的相互调用表达过程的动态行为;⑥将行为特征抽象为对象的属性;⑦将信息收集、存储、加工、传递等事务处理抽象为对象类的操作;⑧将过程执行的策略方法抽象为规则。因此,对象类、子过程、规则、属性、操作等是构成过程模型的基本要素。抽象层次较高的过程用到的描述要素较少,抽象层次较低的过程用到的描述要素较多。过程视图在需求定义层适合用活动图来表达,其描述较为简单。在设计说明层视不同的抽象程度可以用活动图、顺序图和合作图等表达,其描述逐渐具体。在实施描述层一般用顺序图和合作图表达,其描述更加完备;在特殊情况下可能用状态图或多种视图综合表达。

如何有效识别企业对象类在一定程度上取决于个人的知识领域以及相关的企业经验,相应的对象识别方法的缺乏,在一定程度上限制了面向对象建模方法在实践中的广泛应用。本书采用以下过程到对象的转换规则来帮助识别企业对象类。

过程可以描述为:$P=\{A|R\}$,其中,$A=\{a_1,a_2,\cdots,a_m\}$表示企业过程中所有的活动的集合,且活动 $a_i=\langle x_i,y_i,s_i,r_i,f_i\rangle$,其中 x_i 为输入,y_i 为输出,s_i 为资源,r_i 为处理规则,f_i 为处理函数,相互关系为 $a_i:y_i=f(x_i,s_i)|r_i$。R 为活动间的互相关系,$R::=R(a_1,a_2,\cdots,a_m)$。设 $\boldsymbol{X}=[x_1,x_2,\cdots,x_n]$,$\boldsymbol{Y}=[y_1,y_2,\cdots,y_n]$,$\boldsymbol{S}=[s_1,s_2,\cdots,s_n]$,$\boldsymbol{R}_P=[r_P^1,r_P^2,\cdots,r_P^n]$,$\boldsymbol{F}_P=[f_1,f_2,\cdots,f_n]$,则企业过程可以形

式化描述为 $P: Y^{\mathrm{T}} = F_P^{\mathrm{T}}(X^{\mathrm{T}}, S^{\mathrm{T}})|_{R_P}^{\mathrm{T}}$

对象可以描述为：$O::=\{\text{ID}, \text{INH}, \text{ATTR}, \text{OPER}, \text{Interface}\}$。其中，ID 为企业对象 O 的标识符；INH 是对象 O 对其父类的继承性描述集合；ATTR 为对象 O 的数据结构和状态集合；OPER 为操作集合；Interface 为接口事件或消息集合，它实际上是个接口类。

我们定义两个操作算子：

(1)信息提取算子 $\triangledown(x, S)$。从资源 S 中识别并抽取 S 的组成构件 x 的详细信息。

(2)信息封装算子 $\Theta(x, (y, O))$。将 x 按照 UML 的格式封装为对象 O 的 y。

根据过程和对象的形式化描述，采用以下规则来完成过程到对象的转换(见图 2.6)：

$$\psi_R: P \to O, \quad \psi_R = \{\psi_{R1}, \psi_{R2}, \psi_{R3}, \psi_{R4}\}$$

(1)数据转换规则 $\psi_{R1}: \Theta(\triangledown(\langle X, Y, S\rangle, P), (\text{ATTR}, O))$。

其中 $\triangledown(\langle X, Y, S\rangle, P)$ 表示从过程 P 中识别并抽取 X、Y、S，然后将其封装为对象 O 的 ATTR。

(2)操作转换规则 $\psi_{R2}: \Theta(\triangledown(\langle F_P, R_P, R(A)\rangle, P), (\text{OPER}, O))$。

其中 $\triangledown(\langle F_P, R_P, R(A)\rangle, P)$ 表示从过程 P 中识别并抽取处理集 F_P 和处理规则集 R_P，然后将其封装为对象 O 的 OPER。

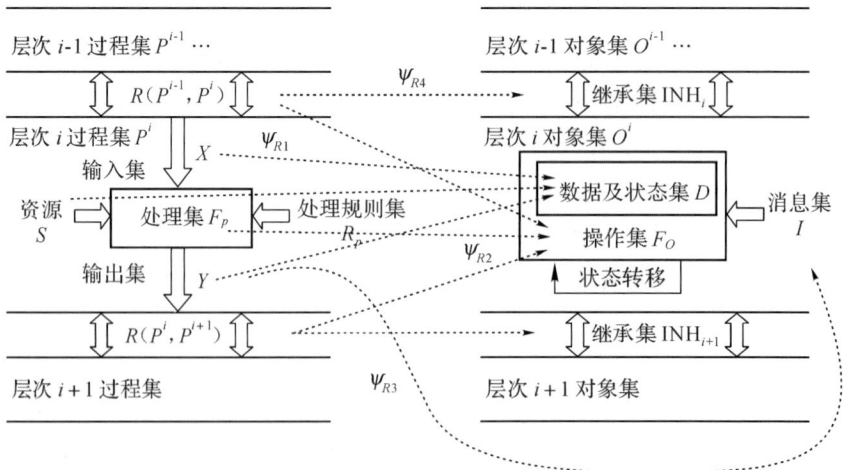

图 2.6 过程向对象的转换

（3）事件转换规则 ψ_{R3}：$\Theta(\nabla(\langle X,Y\rangle,P)\bigcup R(\bigcup\limits_{P'\neq P}P',P),(\text{Interface},O))$。

其中 $\nabla(\langle X,Y\rangle,P)\bigcup R(\bigcup\limits_{P'\neq P}P',P)$ 表示从过程 P 中识别并抽取 X、Y，以及 P 与所有其他过程的关系集 $R(\bigcup\limits_{P'\neq P}P',P)$，然后将其封装为对象 O 的 Interface。

（4）继承转换规则 ψ_{R4}：$\Theta(R(\bigcup\limits_{i=0}^{t-1}P^i,P^t),\nabla(\text{INH},O^t),t\geqslant1$。（$P$、$O$ 的数字上标代表它们在过程模型中的层次标号，且 $t-1$ 层是 t 层的父层）

其中 $R(\bigcup\limits_{i=0}^{t-1}P^i,P^t)$ 表示 P^t 与其所有父层中过程集合的相互关系集合（潘自强等,1999）。

根据第 2.3 节虚拟企业过程分析（见图 2.2）的结果,我们采用自顶向下（Top-Down）方法逐层分解各基本过程,如图 2.7 所示,建立了虚拟企业需求定义层过程模型及其子过程模型（设计说明层部分模型）,如图 2.8 所示,各子过程可以继续分解直到满足需求为止。

因为各虚拟企业业务流程差别很大,很难在低层次给出符合所有制造业的通用过程模型,所以这里主要对在较高层次抽取过程的共性内容进行研究。下一节将对"伙伴选择与评估"过程的实施描述层参考模型进行研究。

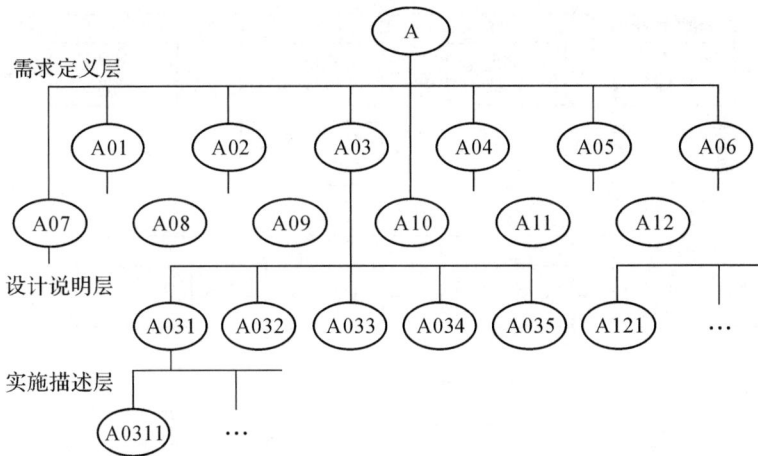

图 2.7　过程模型的分层结构

注:图中的标号表达了层次。

A：需求定义层过程模型

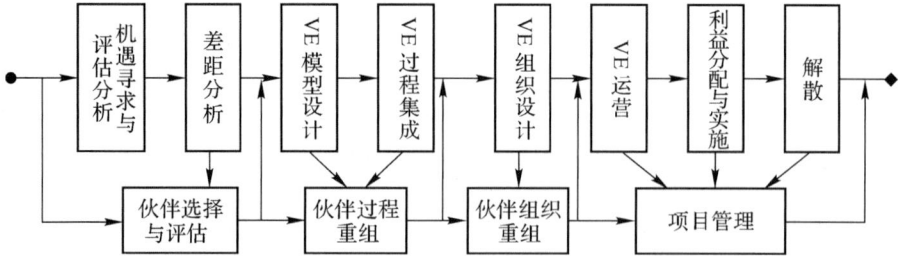

机遇寻求与评估分析 → 差距分析 → VE模型设计 → VE过程集成 → VE组织设计 → VE运营 → 利益分配与实施 → 解散

伙伴选择与评估 → 伙伴过程重组 → 伙伴组织重组 → 项目管理

A：分解后的设计说明层过程模型：

A01：机遇寻求与评估分析

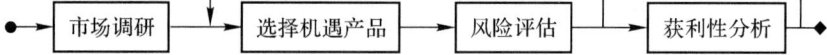

市场调研 → 选择机遇产品 → 风险评估 → 获利性分析

A02：差距分析

机遇所需核心资源分析 → 盟主企业核心资源分析 → 核心资源差距分析

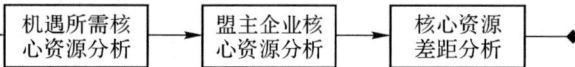

A03：伙伴选择与评估

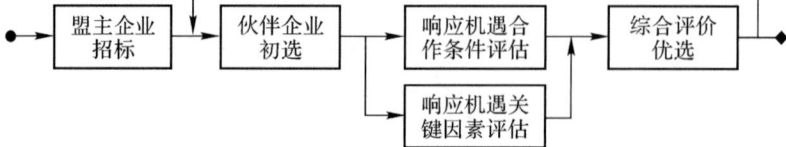

盟主企业招标 → 伙伴企业初选 → 响应机遇合作条件评估 → 综合评价优选

响应机遇关键因素评估

A04：VE模型设计

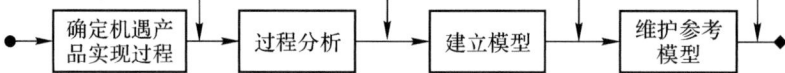

确定机遇产品实现过程 → 过程分析 → 建立模型 → 维护参考模型

A05：VE过程集成

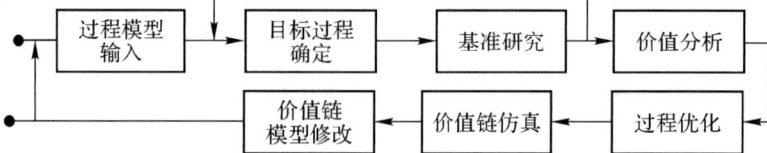

过程模型输入 → 目标过程确定 → 基准研究 → 价值分析

价值链模型修改 ← 价值链仿真 ← 过程优化

A06: 伙伴过程重组

```
● → ┌──────┐     ┌──────┐     ┌──────┐     ┌──────┐     ┌────┐ → ◆
     │确定机遇│  →  │现有过程│  →  │设计新过程│  →  │价值链分析│  →  │过程 │
     │所需过程│     │分析  │     └──────┘     └──────┘     │重组 │
     └──────┘     └──────┘                                └────┘
```

A07: VE 组织设计   A08: 伙伴组织重组

```
                      ┌──────┐
                      │组织优化│
                      └──────┘
● → ┌──────┐  → ┌──────┐  → ┌──────┐  → ┌──────┐ → ●
     │外部项目组│    │内部项目组│    │基本组织元│    │资源配置│
     │ET设计 │     │IT设计 │     │BOU设计│     └──────┘
     └──────┘     └──────┘     └──────┘
                      ┌──────┐
                      │组织重组│
                      └──────┘
```

A09: VE 运营

```
● → ┌──┐ → ┌──┐ → ┌──┐ → ┌──┐ → ┌──┐ → ┌──┐ → ┌──┐ → ◆
     │调研│   │设计│   │采购│   │制造│   │储运│   │销售│   │财务│
     └──┘   └──┘   └──┘   └──┘   └──┘   └──┘   └──┘
```

A10: 项目管理

```
                  ┌──────┐
                  │项目规划│
                  │和进度控制│
                  └──────┘
● → ┌────┐ → ┌──────┐ → ┌──────┐ → ┌──────┐ → ┌────┐ → ◆
     │项目定义│    │项目任务的│    │项目任务的控│    │项目任务的│    │项目 │
     └────┘    │分解与计划│    │制和进度计划│    │执行与调度│    │评估 │
               └──────┘    └──────┘    └──────┘    └────┘
```

A11: 利益分配与实施

```
              ┌──────┐
              │风险利益│
              │评价机制│
              └──────┘
● → ┌──────┐ → ┌──────┐ → ┌──────┐ → ◆
     │虚拟企业风│    │虚拟企业利│    │利益分配│
     │险分担方案│    │润共享方案│    │风险分担│
     └──────┘    └──────┘    └──────┘
              ┌──────┐
              │风险利益│
              │约束机制│
              └──────┘
```

A12: 解散 ● → ┌──────┐ → ┌──────┐ → ┌────────┐ → ◆
              │价值评估│   │财务结算│   │虚拟企业解体│
              └──────┘   └──────┘   └────────┘

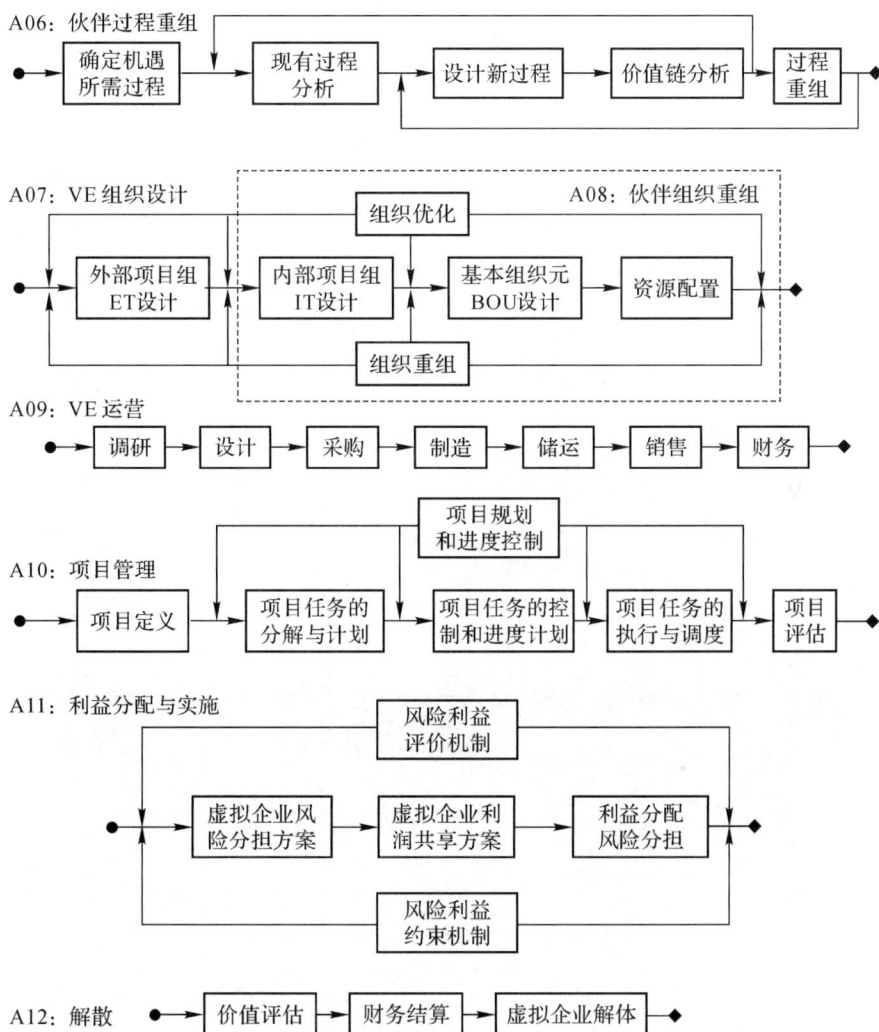

图 2.8　虚拟企业过程模型

2.5.2　功能视图

功能视图是从功能的角度对虚拟企业进行描述,它采用功能实体及其相互关系来表达虚拟企业过程所实现的功能。

通过对虚拟企业过程分析,我们给出了虚拟企业的需求定义层功能模型(见图 2.9)。它通过用例、角色和关系对虚拟企业各功能进行划分,其中包括三个角色:盟主企业、伙伴企业和认证机构。盟主企业角色负责虚拟企业层的管理工作,伙伴企业角色负责伙伴企业内部的管理工作,认证机构角色对动态联盟中企业的资信度提供认证功能。每一个用例对应虚拟企业一个基本过程(包括机遇寻求与评估分析、差距分析等,个别用例除外)完成的功能,并可能被设计为一个功能子系统,如机遇寻求与评估分析功能子系统。另外,添加了基准分析和利益风险分析两个功能供盟主企业角色和伙伴企业角色使用。有关基准分析的概念见第 3 章的基准研究。

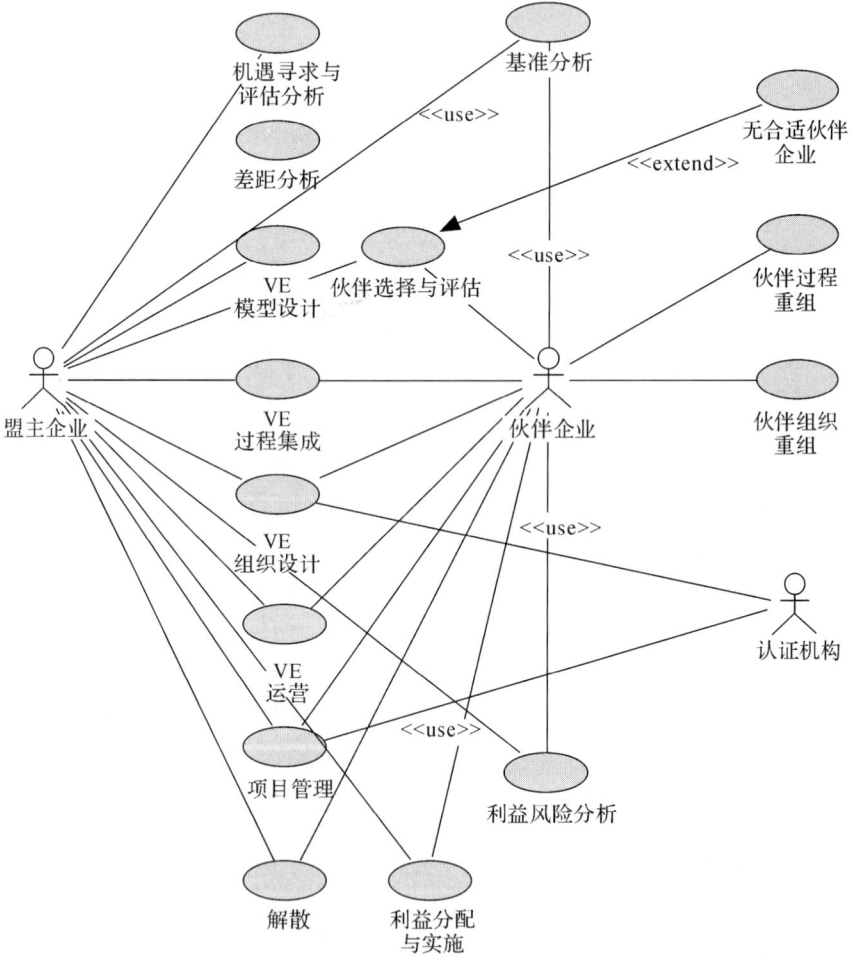

图 2.9　虚拟企业需求定义层功能模型

该用例图还对 UML 语义进行了扩展。"use"连接,如盟主企业连接利益风险分析,表示盟主企业使用了利益风险分析中的行为或功能。"extend"连接,如用例"无合适伙伴企业"连接"伙伴选择与评估",表示用例"伙伴选择与评估"描述了一项基本功能;而用例"无合适伙伴企业"则描述了该基本功能在无法满足时应该启动的特殊功能,即一种扩展。通过指定用例的版型可扩充 UML 以定义更多的关系来满足 VEM 的特殊需求。

每个用例有其前提条件和事后条件(包含输出信息),具体细节在主事件流和其他事件流中描述。事件流完成描述用例功能的具体步骤,它是从用户角度写成的,主要用领域语言表达。主事件流主要是用例的正常(主)流程,其他事件流主要是特殊处理和异常错误处理。用例的描述与 CIM-OSA 功能实体的基本语义是完全吻合的,如每个用例都有唯一标号和明确的名称;前提条件包含了输入信息和活动机制(支持信息,如有关法律、法规、标准等);事后条件包含了输出信息和对下游工作的准备;事件流包含了对活动的控制。

2.5.3 组织视图

组织视图描述虚拟企业的组织对象、组织对象间的联系以及与其他视图间的关系等。虚拟企业基本组织对象包括项目组(Team,包括 ET 和 IT)、基本组织单元(BOU)和人员等。BOU 用于描述伙伴企业的静态组织结构(如职能岗位树),可以嵌套定义。某一项目可以由多个 BOU 组成项目 Team,Team 描述了虚拟企业的动态组织结构。人员对象用于描述所有参与虚拟企业的人员。

图 2.10 为用 UML 类图表示的设计说明层组织模型的一部分,其中引入了基本态和活动态的概念。基本态是相对稳定的组织状态,它决定了组织在企业中的基本职能,如行政事务。而活动态则是相对变化的组织状态,它与企业的项目密切相关。一个组织可以有多种活动态但只能有一种基本态。一个 BOU 可以参与多个项目,对每一个项目都有一个唯一的活动态与之对应。BOU 的活动态随着对项目的参与和退出而增减,每个活动态的生命周期存在于其对应的项目周期中。企业的生产能力可用 BOU 的活动态来粗估,如果活动态的总量在额定数量(企业正常运作时 BOU 的活动态数量的范围)之内,表明企业有富余的生产能力,可积极寻求市场机遇,参加其他动态联盟;反之,则应考虑任务外包或外协,必要时组建动态联盟。

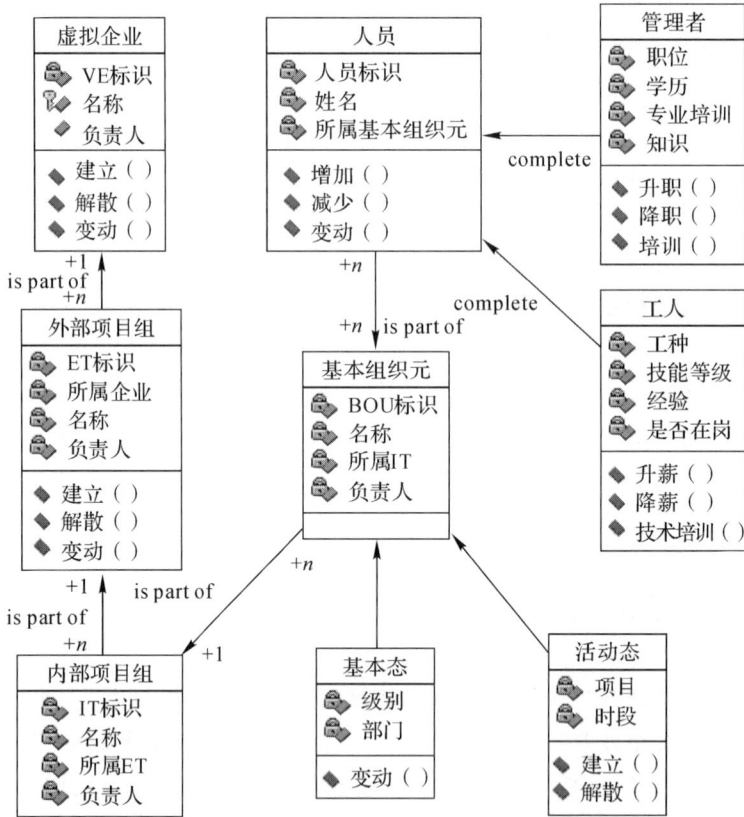

图 2.10　虚拟企业设计说明层部分组织模型

图 2.10 中从虚拟企业到人员是分层结构,其中虚拟企业、外部项目组、内部项目组、基本组织元、人员都采用无实际含义的标识作为代理主键,便于系统扩展。系统的需求会在发展中不断变化,变化的结果是类的属性、操作的增减和修改,代理主键是独立于业务规则的无实际含义的属性,因此变化很少影响到它,这样保证了系统基本结构的稳定性。人员分为工人和管理者,工人具有工种、技能等级、经验等属性和接受技术培训等操作,管理者具有学历、专业培训、知识等属性和接受再培训等操作。他们的专业技能(知识和经验)等属性可以作为组建BOU 的依据,因此 BOU 到人员多对多的映射可表达以人或知识为中心的扁平组织关系。

虚拟企业含有代理主键(VE 标识)、名称和负责人(主要由盟主企业有关项目负责人担任),并且有对应于 VE 建立、解散和变动的有关方法。同样,外部项目组、内部项目组、基本组织元、人员都具有类似结构,可以从中抽取一个超类作为它们共同的父类,子类可重载父类的方法与加入新属性和方法来实现自己特殊的业务规则,共同部分在父类已经实现,这样大大减少了代码且更易维护。UML 可以很好地支持这种面向对象的设计方法。

2.5.4 资源视图

资源视图描述虚拟企业的资源分类、资源构成、资源结构、资源之间的联系及其与其他视图模型元素之间的联系等。资源视图的构成要素包括资源型对象、资源池对象和资源实体对象。资源型对象从资源分类的角度描述虚拟企业资源,可以嵌套定义,子资源型对象可以继承其父资源型对象的属性,从而构成虚拟企业的资源分类树。资源池对象从地理分布的角度描述虚拟企业资源,某一位置的所有同类资源构成一个该类型资源在该位置的资源池。资源实体对象描述虚拟企业的原子级的具体资源。

资源型和资源池表示了资源的分类和分布情况,资源实体表达了具体资源的特性和可用状态,它们与过程模型关系密切。在过程活动的开始、执行和结束阶段分别请求、占用和释放分布在不同地理位置的各种类型的资源。比如,资源得不到满足,活动将处于等待状态;活动执行将使资源池中的可用资源减少,因此当活动结束时,应立即释放资源供其他活动利用。各资源池中的可用资源的总和反映了虚拟企业的资源水平,通过合理分布资源可提高虚拟企业对机遇的反应速度和能力。

图 2.11 是伙伴选择与评估过程中涉及的实施描述层资源模型,它有人力资源、物力资源、资金和技术资源四个部分。其中,可用物料属于物力资源,它包括物料码、物料类型、可用数量等属性和增、删、改、拷贝(方便添加相似物料)、转换等方法。企业物料的可用数量在一定程度上反映了企业响应机遇产品的资源优势的大小。根据物料类型可建立资源分类树。

特种设备是产品所必需的特定加工设备,它包括设备号、状态、级别和可用工时。其中,状态表明设备的运行、故障、闲置和报废等情况;级别表示设备的重要程度,可用于粗略评估生产能力时产生主关键设备重要程度的缺省值,因为真正影响生产的主关键设备只有在精能力平衡后才能准确得出;可用工时表示设备的可利用程度。特种工具、特种夹具、特种量具和特种刀具具有和特种设备类似的性质。

人力资源通过特定工种和特定技能水平的员工的可用工时来描述对机遇产品的支持程度。良好的培训机制也是企业的人力资源的重要方面。技术资源和资金从技术资源和财力资源方面衡量企业对机遇产品的支持程度。

通过对各资源的综合评估可确定各企业对机遇的响应能力,从而确定虚拟企业的伙伴企业。以资源所属企业为单位可建立虚拟企业的资源池对象。

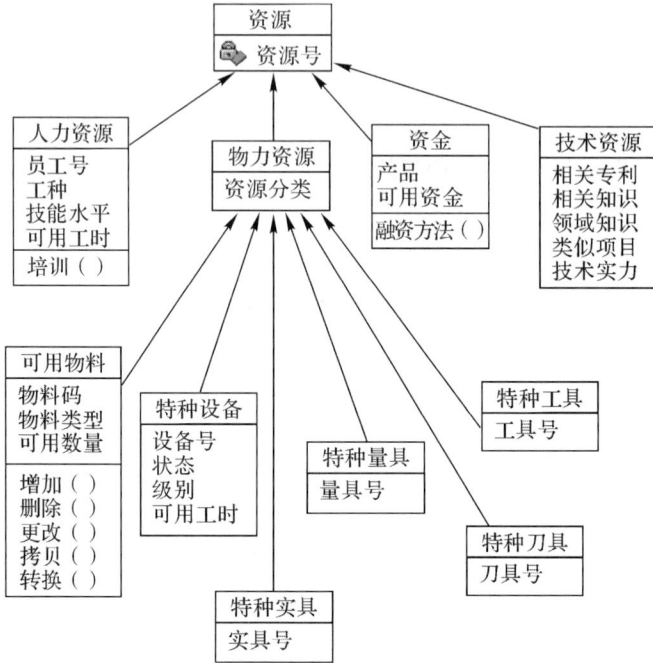

图 2.11　伙伴选择与评估过程中涉及的实施描述层资源模型

2.5.5　信息视图

信息视图从信息关系的角度对虚拟企业各子系统的数据结构特征进行细致的描述,它是数据库设计的基础,为数据库设计提供设计方案、数据结构等。信息视图主要进行逻辑数据库设计,经过进一步细化、优化和合并后可以生成物理的关系型数据库设计或面向对象的类设计。信息视图一般用类图表示,虚拟企业设计说明层中产品设计过程的部分信息模型如图 2.12 所示。

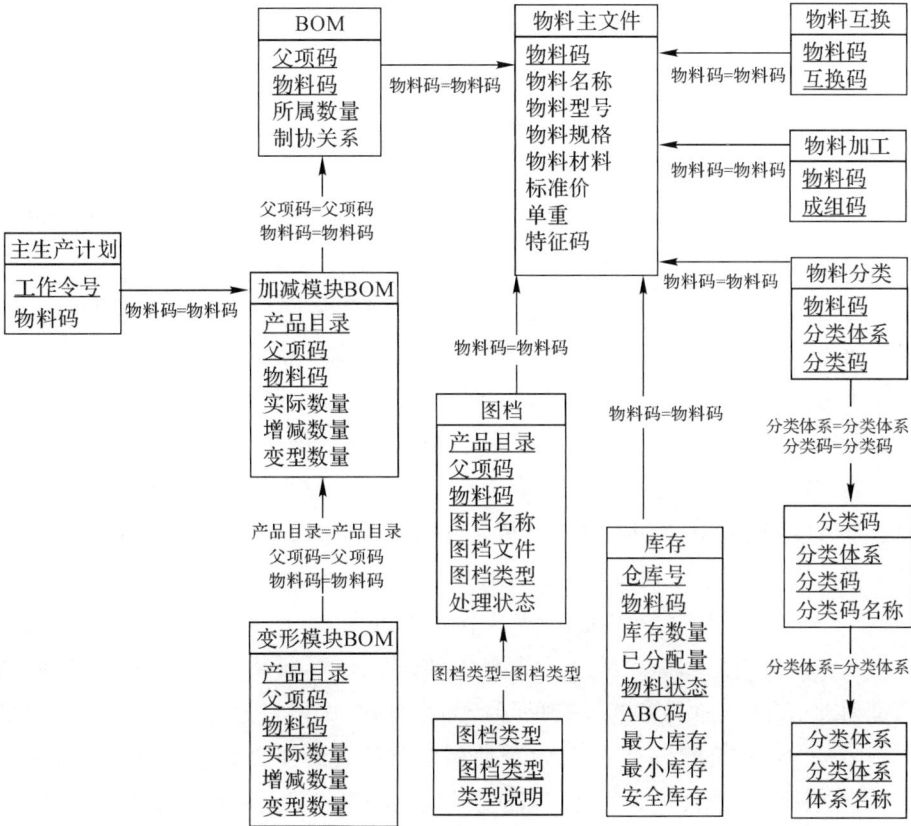

图 2.12　虚拟企业设计说明层中产品设计过程的部分信息模型

注：下划线处表示主键。

物料主文件是 ERP 系统物料管理的基础数据。产品物料清单（Bill of Material,BOM）描述机遇产品的结构,包括父项码、物料码、所属数量和制协关系等属性。物料主文件和 BOM 一般由盟主企业设计,它是动态联盟各伙伴企业共同遵守的标准。但在实际运作过程中,经常发生物料主文件不能完全统一的情况。各伙伴企业要建立相应的对照表,将本企业的物料码映射为虚拟企业的物料码,这种映射可能是多对多的关系,可能会产生大量借用件。为解决借用件的问题,我们引进了互换码,即根据一定的质量和成本互换规则,将物料分为互换组。根据互换码可方便地找到企业内部的相似物料,并根据互换标准优先借用企业现有物料进行生产,有效控制企业物料品种迅速增长的趋势,有利于加速资金流转,缩短存货周期。另外,我们还进行了如下改进:①根据 DFX

[Design For X,并行工程的支持工具之一,表示面向 X 的设计,如面向装配的设计(Design For Assembly,DFA)、面向制造的设计(Design For Manufacturing,DFM)、面向性能的设计(Design For Compatibility,DFC)、面向方案的设计(Design For Variety,DFV)等]的思想引入了成组码以支持工艺设计;②建立了可扩展的物料分类体系,方便进行物料查询;③建立了物料与相应图档的关系,方便查询技术资料;④建立了物料与库存的联系,设计选用物料可参考该物料目前的物料状态(短缺、积压、占用等)。

为了满足产品系列化和变形设计的需要,我们将产品 BOM 分为两级,上级为模块 BOM,下级为变形 BOM。模块 BOM 是将产品目录中的新产品分解成企业现有的标准模块及其变形模块。如果需要设计全新模块,则全新模块可以作为标准模块。变形 BOM 是对分解后的变形模块进行变形设计。模块 BOM 只存储该产品与相应系列标准产品的差异,如模块数量的差值和新增变形模块的数量。变形 BOM 中只存储变形模块与其标准模块中原物料数量的差值和新增物料的数量。模块 BOM 和变形 BOM 使设计更加便捷。本书设计的模块 BOM 与主生产计划紧密相关,随着工作指令的完成,相关 BOM 可能被转入后备库中。标准产品和标准模块的结构是相对稳定的,而新产品和变形模块的结构是动态变化的,这种结构既有助于产品系列化,又能快速适应市场,灵活配置产品,满足客户个性化需求。目前企业模块化的趋势使得参考产品模块来进行虚拟企业伙伴的选择成为可能,产品的模块化程度也是企业设计水平的体现。

2.5.6 约束视图

约束视图表达了以上各视图之间和内部的约束关系,它并不独立存在,而是存在于各视图之中,由各视图映射生成。例如,过程视图中的每个过程或活动都要使用一定数量的资源,进行某种操作,这种关系可用资源—过程/活动矩阵描述,它是由过程视图映射而来的。组织视图中的每个组织对象都拥有资源对象,可以对其进行某种操作,这种联系可用组织—资源矩阵描述。组织对象在过程、功能、资源方面的能力用组织角色表示,而实际上所负的职责分别可用组织—过程/活动矩阵、组织—资源矩阵、组织—功能矩阵表示,这些矩阵由过程视图、资源视图、功能视图映射生成。

表 2.3 为资源—活动矩阵,它描述资源与过程之间的联系。过程视图中活动需要的资源必须属于资源视图中的资源类型,以形成对过程的资源约束。

表 2.3 资源—活动矩阵

资源	活动				
	活动 1	活动 2	活动 3	⋯	活动 n
资源 1	X		X		
资源 2	X	X			
资源 3			X		
⋮	⋮	⋮	⋮		⋮
资源 m		X		⋯	X

约束视图在 VEMM 中表现为对象之间的关系，包括引用、条件、同步条等。它们随对象—包—模型图—视图分层组织，部分约束模型如图 2.13 所示。

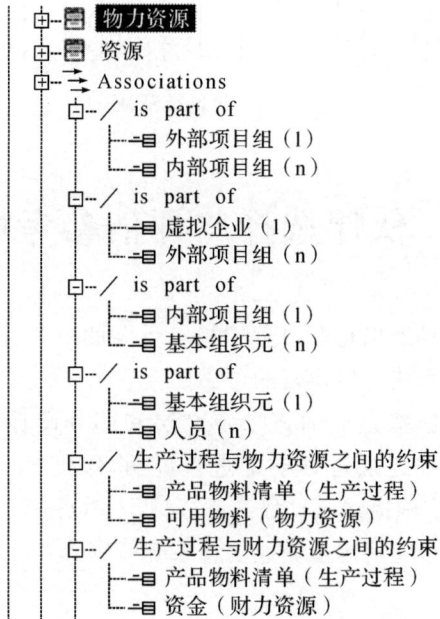

图 2.13 设计说明层部分约束模型

2.5.7 价值链视图

价值链视图描述虚拟企业价值的流动、变换、增值过程及其与之相关的活动、资源的关系。过程(特别是制造系统的过程)不仅体现了物料的流动，而且体现了价值(如资金)的流动。通过对物料流的模拟和仿真可以发现资源的冲突和资源的枯竭等资源问题,由此对过程的优化提出要求和制约。通过对价值流的模拟和仿真可以发现虚拟企业中各企业使产品和服务增值的核心过程和一些不能使产品和服务增值的过程,有助于消除一切不增值环节,使虚拟企业价值链得到持续优化。

图 2.14 采用活动图表示了通过活动和资源,使产品在各阶段不断增值的过程。其中添加了部分图标(如活动和资源)来表达使价值增加的部分要素。

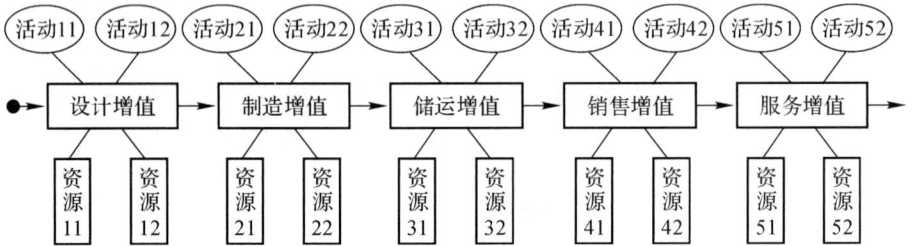

图 2.14　价值链模型

2.6　伙伴选择与评估参考模型

伙伴选择与评估是虚拟企业过程中极其重要的一个过程,它直接关系到虚拟企业是否能够建立和建立后运营的可靠性。

上节我们建立了虚拟企业的需求定义层和部分设计说明层过程模型(见图 2.8)。为了对实施描述层过程模型进行说明,这里给出了伙伴选择与评估(图 2.8中的 A03)的实施描述层过程参考模型。并以过程模型为中心分析了所涉及的其他模型以及模型对虚拟企业信息系统开发的支持。

2.6.1　需求分析

针对功能模型(见图 2.9)中的伙伴选择与评估用例,其用例说明描述的伙伴选择与评估逻辑流程如下文所示(其中下划线标出的名词是类图中类的来源,前提条件和事后条件是与本过程有时态逻辑关系的独立过程或触发事件,主事件流和其他事件流是顺序图和合作图的依据)。通过抽取其中的业务实体,可以建立资源和信息模型。

1)前提条件

<u>盟主企业</u>发现<u>机遇</u>。

2)主事件流

(1)确定响应与实现机遇所需要的<u>核心资源</u>。重点包括:<u>特种设备</u>、<u>特种工具</u>、<u>特种夹具</u>、<u>特种量具</u>、<u>特种刀具</u>、<u>物料可用数量</u>、<u>人力资源</u>、<u>资金</u>和<u>知识库</u>,开始用例。

(2)确定盟主企业目前可用的响应机遇的核心资源。

(3)对比机遇所需要的核心资源与盟主企业所具备的核心资源,确定所缺少的核心资源,形成<u>招标文档</u>。

(4)盟主企业发布招标文档并邀标,收集各投标文档,如投标文档有效,送<u>认证机构</u>确认投标企业的资信度。

(5)如确认投标企业的资信度良好,评价各候选<u>伙伴企业</u>是否能满足虚拟企业以下<u>合作条件</u>:需要伙伴企业完成的任务、合作形式、持续时间、合作紧密程度、合作通信设施、共享知识和资源、数据交换标准。

(6)对满足条件的各候选伙伴企业,从<u>时间</u>(Time,T)、<u>质量</u>(Quality,Q)、<u>成本</u>(Cost,C)、<u>服务</u>(Service,S)、<u>先进性</u>(Advancement,AD)、<u>创新能力</u>(Innovation,I)、<u>后勤</u>(Logistics,L)、<u>环境</u>(Environment,E)、<u>管理与文化</u>(Management & Culture,M&C)九个关键因素进行评价和分析,注重候选企业目前所能提供的响应机遇的核心资源水平。

(7)如有多家候选伙伴企业满足同一条件,则根据机遇的要求和虚拟企业各目标的相对重要性进行多目标求优,以确定最佳的合作伙伴。

(8)用例结束。

3)其他事件流

(1)其他事件流 1:投标文档无效。

①盟主企业向投标企业说明其投标文档无效的原因,如信息不全、不详细、逾期等,提示其重新投标或终止。

②将投标企业记录在候选伙伴档案中备用。

③用例结束。

(2)其他事件流 2:投标企业无效。

①盟主企业告诉投标企业其未达到需要的资信度。

②用例结束。

(3)其他事件流 3:投标企业不满足合作条件。

①放宽合作条件,重新招标。

②或邀请满足合作条件的企业投标。

③用例结束。

(4)其他事件流 4:投标企业均不满足合作要求。

①放松初选过程的关键能力需求约束条件,以扩大可供选择伙伴的论域范围。

②调整多目标评价模型中各决策因素的权重因子,构造更为优化的选择模型。

③对较为符合要求的伙伴企业进行重组,以达到动态联盟的要求。

④用例结束。

4)错误事件流

招标文档错误。

①盟主企业向投标企业说明招标文档错误的原因,并提供新的招标文档供下载。

②在错误日志中记载错误,包括日期和时间错误、已通知投标企业、代码错误。

③用例结束。

5)事后条件

输出伙伴企业优选方案。

2.6.2　建模阶段

2.6.2.1　过程模型

根据需求分析可以建立伙伴选择与评估的过程模型。因为用例中的其他事件流和错误事件流比较简单,这里重点讨论其主事件流的过程模型。本书以UML 的顺序图来表达主事件流的过程模型,如图 2.15 所示(该图是对图 2.8 中A03 过程的进一步分解)。该过程涉及的组织模型内容有盟主企业、伙伴企业和认证机构三个角色;涉及的信息模型见 2.6.2.2;涉及的资源模型见图 2.11;涉及的约束已在过程模型中表达,如过程的编号表示过程执行的先后次序,表达了过程的逻辑约束和时间约束;涉及的价值模型可由信息模型中具体的评价方法给出(附录 I 中的评价方法)。

图 2.15 中盟主企业、伙伴企业和认证机构之间的交互过程是通过对象之间的消息传递实现的。比如,盟主企业到伙伴企业的招标操作(4. invite public bidding)最终映射为盟主企业对象类(main_enterprise)的操作函数 invite_public_bidding(＊ partner_enterprise,bid_document)。其中 ＊ partner_enterprise 是指

向伙伴企业对象类(partner_enterprise)的指针,bid_document 是标书对象类,它表达了招标的内容。而确定响应机遇所缺的核心能力(3. define the shortage of the virtual enterprise)操作则映射为 invite_public_bidding 操作的前提事件,其成功与否将决定事件流走向。

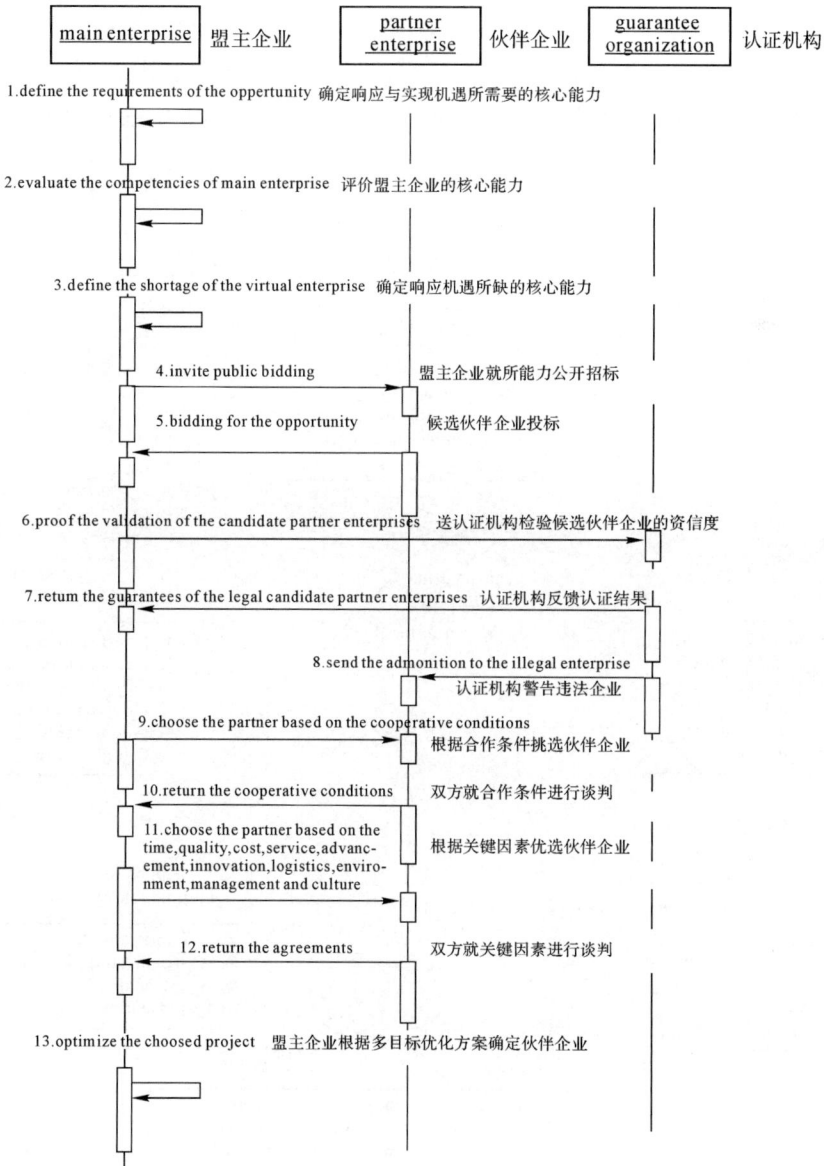

图 2.15　伙伴选择与评估主事件流过程模型

2.6.2.2　信息模型

根据需求分析所收集到的虚拟企业的业务流程信息中下划线标出的名词可以建立起伙伴选择与评估的信息模型。附录Ⅰ中的对象及其属性、评价方法即为信息模型中的主要内容。为了简便起见,下面仅给出用例主事件流第六步的所有信息模型的 UML 类图表示(见图 2.16)。其中各对象分别表示伙伴选择中的九个关键因素,它们都从一个公共的父类(com_evaluate)中继承而来。父类

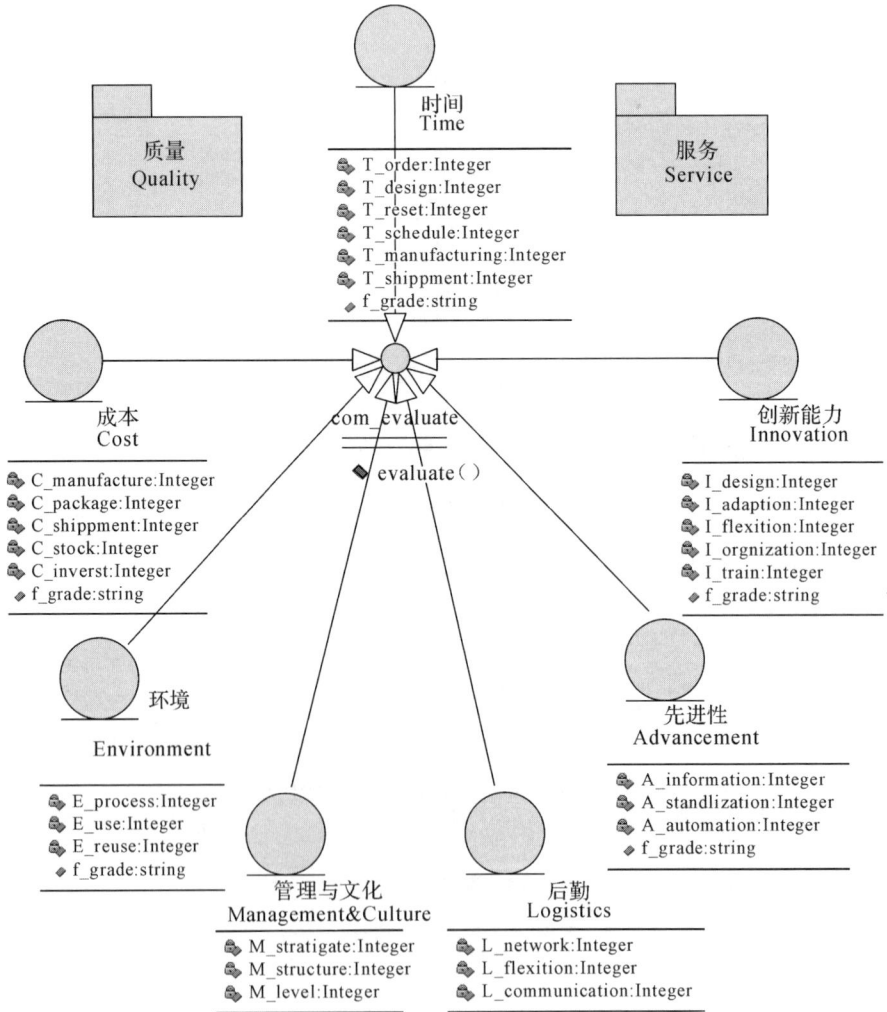

图 2.16　伙伴选择关键决策因素信息模型

50

中包含用各对象公用的评价函数 evaluate()来分别对各关键因素在伙伴选择中的价值进行评估。因为质量（Quality）因素和服务（Service）因素比较复杂，这里将其分别打包，包件中分别包含了质量评价信息子模型（见图 2.17）和服务评价信息子模型（见图 2.18）。

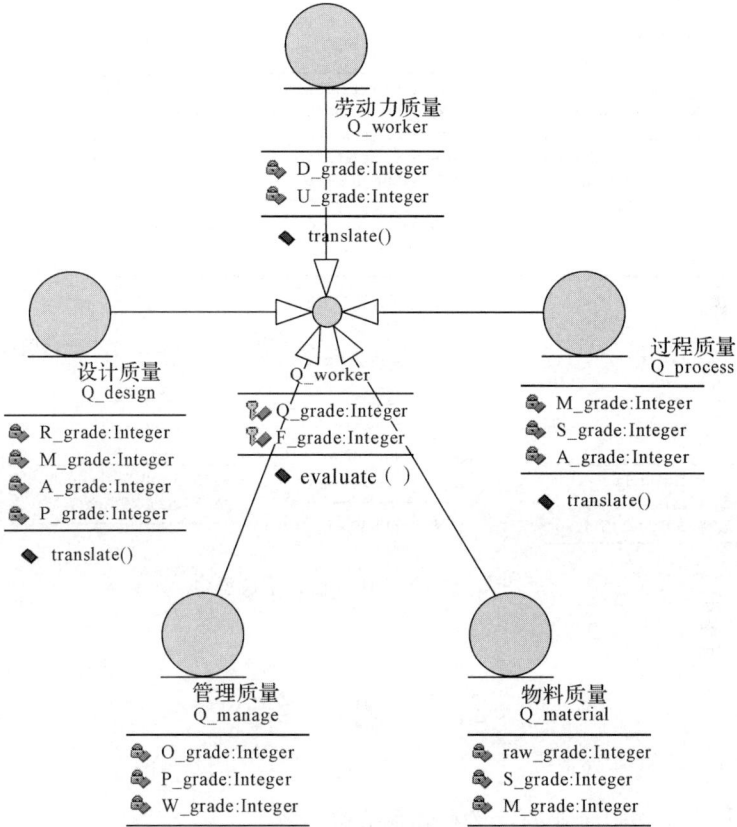

图 2.17 质量评价信息子模型

2.6.3 开发阶段

以上模型均可生成支持虚拟企业信息系统开发的代码框架。比如，图 2.18 中对象 S_sale 可以生成 C++文件 S_sale.h 和 S_sale.cpp，文件中有丰富的注释和特殊标识，其中的特殊标识用来保证逆向工程中模型和代码同步，开发人员不可轻易删除。开发者所做的工作仅是在指定的函数体内补充实现的函数体，这大大降低了开发的工作量,增强了模型的可重用性和可维护性,符合虚拟企业可重组、可重构、可扩充的要求。

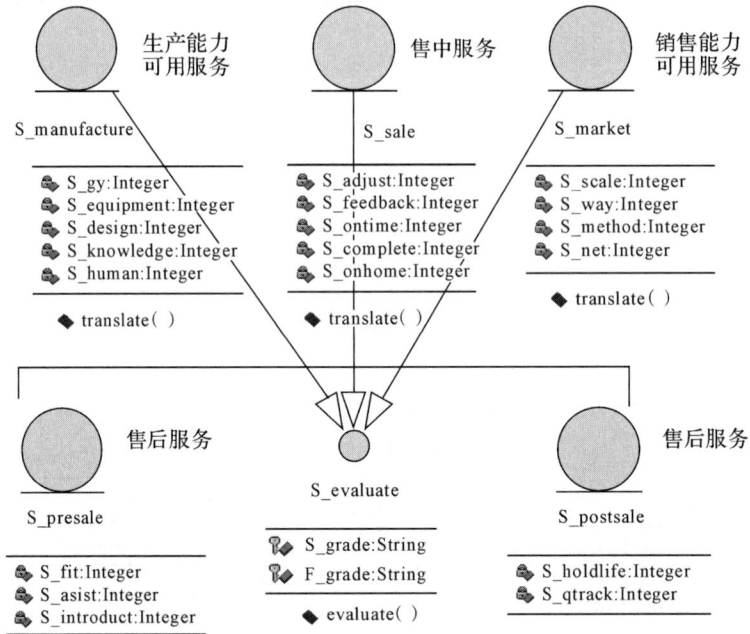

图 2.18　服务评价信息子模型

2.7　小　结

(1)给出了虚拟企业的定义和体系结构。

(2)研究了虚拟企业建模体系结构,提出了一种基于 UML 的虚拟企业建模方法。

(3)给出了虚拟企业模型各视图的 UML 描述及部分模型。

(4)建立了虚拟企业伙伴选择与评估的参考模型。

3

虚拟企业过程集成理论与方法

3.1 引　言

在第 2 章中,我们建立了虚拟企业过程集成的对象——过程模型。如何根据虚拟企业过程模型进行过程集成是本章要研究的内容。本章中虚拟企业的过程集成的研究主要针对虚拟企业运营过程(见图 2.8 中的 A09),运营过程的集成是实现整体供应链的价值最大化的主要手段,也一直是虚拟企业研究的重点。BPR 是企业内部过程集成的有效手段,它要求对所有经营过程进行彻底的反思和根本性的改变。对虚拟企业而言,由于伙伴企业的自治性和虚拟企业的时间性,不可能也没必要对虚拟企业的所有过程进行 BPR,抽取关键过程进行价值分析,扩展 BPR 方法对其进行过程重组和优化是一种实用的过程集成方法。

3.2 价值链基本概念

波特于 1985 年就企业资源分析提出了价值链分析理论。他认为,企业的竞争优势来源于设计、生产、营销、财务等主要运营过程中的活动及许多在辅助过程中进行的活动。由于这些活动对产品价值贡献不同,形成了企业间的差异。

价值链分析就是将运营过程分解成相关的活动集,认识和发掘企业现有的或潜在的核心过程,以期弘扬好的部分,改善有缺陷的部分。

在虚拟企业中,伙伴企业深入地渗透到了盟主企业的价值链中,盟主企业的许多决策在很大程度上依赖于它们的参与。价值链就是盟主企业、伙伴企业、政府机关、金融机构、关键人员等的活动行为的价值表现。供应链式虚拟企业的价值链可视为供应链的价值表现形式,供应链可理解为价值的供应/需求链。它偏重于从价值分析的角度来看待供应链上的所有活动行为,以便发现使产品或服务增值的关键过程,消除不增值环节。

虚拟企业可大致分为供应网络、制造网络、分销网络、零售网络四个部分(见图 3.1),各部分实现产品价值的一部分。从广义上讲,制造网络包含了产品的设计和制造。由顾客的市场需求(顾客订单)拉动分销网络的销售(中间商订单);分销网络向制造网络签订订货合同(工厂订单);制造企业对工厂订单进行分解后制订主生产计划,然后编制物料需求计划,向供应商下达采购订单;供应网络联合各供应商在保持较低库存的条件下为制造商提供最好的服务。从价值的角度来看,所有这些活动都是为创造一定价值而存在的,而成本在很大程度上反映了产品的价值。原材料的生产/采购成本、库存成本、运输成本,半成品的生产成本、库存成本、运输成本,成品的生产成本、库存成本、运输成本,批发商的商品的库存成本、批发成本、运输成本,零售商的商品的库存成本、零售成本等构成了虚拟企业的整个价值链。价值链上的价值流在一定程度上也可通过库存资金来体现,如从原材料库存到成品库存的增值表现为库存资金的变化,其实质是将人们劳动(工作流)创造的价值附加在了产品上,只有产品实现了销售,各个环节所创造的价值才能体现。从成本与收益在整体价值链上的分布来看,销售网络(分销网络和零售网络)是收益中心,而供应网络和制造网络是成本中心,只有收益大于成本时,所得利润才能分摊到各个环节,实现各环节的价值。另外,影响价值实现的活动还包括政府机关、金融机构、行业社团、人工参与的相关活动,意外处理和其他因素也是价值链所应考虑的。

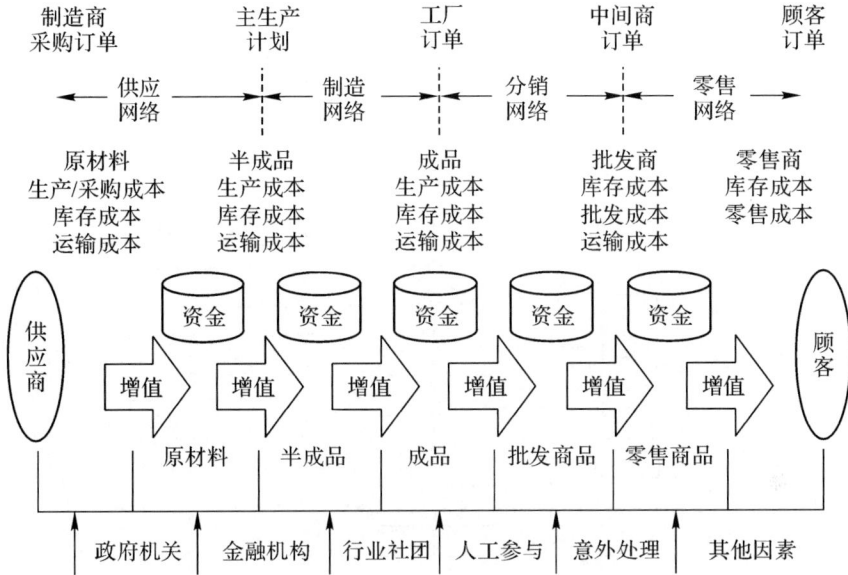

图 3.1　价值链

3.3　过程集成方法

　　价值链理论注重分析虚拟企业当前过程中的不增值环节,BPR 理论注重建立新的合理的经营过程,两者的结合将有助于虚拟企业过程集成的实现。本书提出的过程集成方法实际上是一种基于价值链集成(Value Chain Integration,VCI)的过程优化方法。它首先通过价值链分析发现过程中的不增值环节,然后在 BPR 理论的指导下对过程进行优化,使之能够相互协调以实现过程价值最大的目标。VCI 针对价值链理论重分析而轻操作,而 BPR 仅给出重组理论而无具体参考模型等弱点,给出了一系列可操作的方法和有关策略来指导虚拟企业过程集成。VCI 是一个自顶而下、不断完善的整体优化方法(见图 3.2),具体步骤如下:

　　1)过程模型引入

　　过程集成着眼于面向顾客改善绩效,这迫使虚拟企业重新审视其过程模型。

　　2)目标过程确定

　　通过流程优选矩阵法等方法,确定需要进行价值分析的关键过程(见表 3.1)。

该步骤主要由领域专家来进行,不是本书讨论的重点。

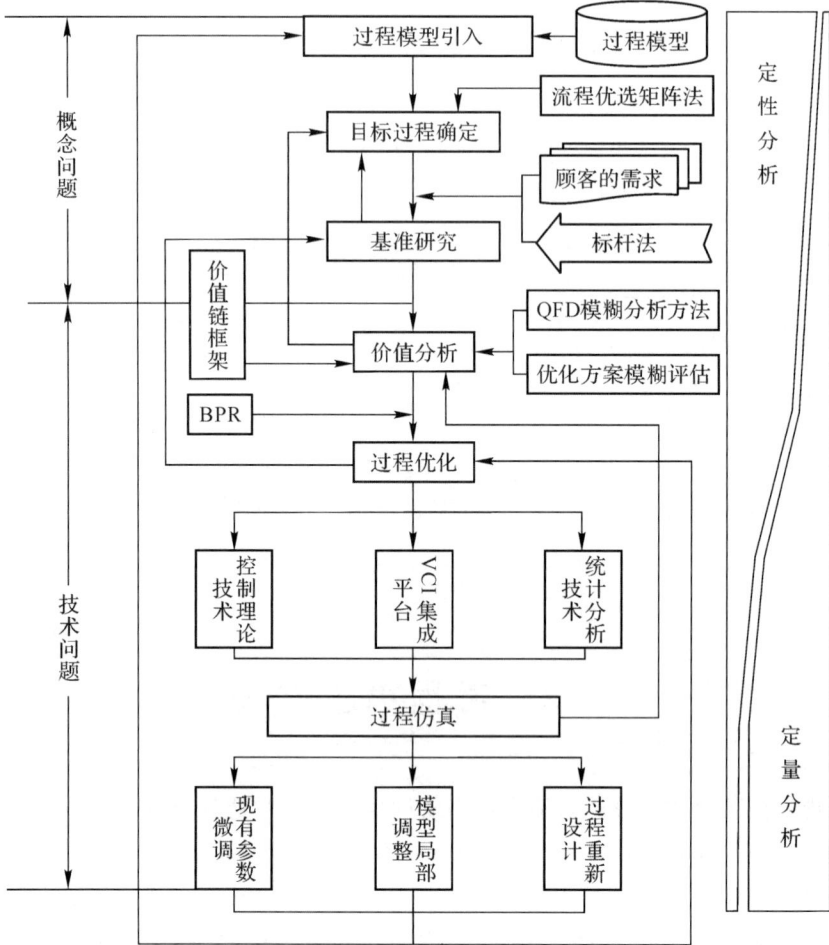

图 3.2　VCI 的方法

表 3.1　流程优选矩阵法

虚拟企业过程	关键增值因子						
	C_1	C_2	C_3	C_4	C_5	C_6	Total
P_1		E		D			3
P_2			E		D	D	4

虚拟企业过程	关键增值因子						
	C_1	C_2	C_3	C_4	C_5	C_6	Total
P_3	E	D		D		D	5
P_4				E			2
P_5			D				1
P_6		E	D		E	E	7
P_7	D	E		E		D	6
P_8	D		E	E			5

注：E＝核心过程（2 points）；D＝非核心过程（1 point）。

3）基准研究

确定了目标过程后，通过基准研究来制订各过程优化目标。基准研究是通过顾客需求分析、标杆法（Benchmarking）以及成本效益分析，确定流程创新和改善的绩效目标。标杆法是一个连续、系统化地对优秀企业或竞争对手进行评价的过程，通过分析评价，确定代表最佳实践的经营过程和工作过程，以便合理地确定本企业的业绩目标。人们形象地把标杆法比喻为合理合法地"拷贝"其他企业成功经验的过程。虚拟企业在进行过程优化时，标杆分析是一项非常重要的工作，其目的在于通过创造性地采用优秀企业的最佳实践来加快过程优化进程，并依据优秀企业的业绩指标设置本企业的业绩目标，以促成企业绩效的巨大提高。标杆法包括基准的导入、测量、比较和转换目标的确定。

4）价值分析

价值分析指针对目标过程进行活动分解。根据基准研究结果，确定活动的顾客需求和运营要求，评价当前活动的价值水平，发现价值链中影响价值增值的瓶颈活动和不增值环节，并对过程优化方案进行价值评估。

5）过程优化

过程优化是根据价值分析的结果和过程优化约束，对过程进行删除、简化、集成和自动化。

6）过程仿真

应用控制理论技术和统计分析技术，在 VCI 平台的支撑下，对过程进行计算机仿真，定量分析价值链中的薄弱环节和关键资源对价值链增值的影响程度，对可能产生的后果进行预测，发现潜在的问题。

7）过程调整或重构

根据仿真结果，对不合适的模型采取如下措施：①现有参数微调，如提高生产率或延长生产时间等。②模型局部调整。不改变模型整体结构，仅对计划进行局部重排，如提前下料、推迟交货期等。这种方法对系统冲击小，但可能有隐患，要求过程模型设计的模块化程度较高。③过程重新设计。对模型结构进行重新设计，如重新选择伙伴、重新组建外部项目组等。如果不是因为不可抗力导致模型失效，那么该情况下前期模型设计时一定有重大失误，应尽量避免。

图 3.2 中过程优化以上部分以定性分析为主，该阶段主要是获得足够的感性和概念性知识，以明确价值分析的目标过程，发现价值链中的不增值或影响增值的主要因素，并进行价值分析和过程优化。过程优化以下部分以定量分析为主，该阶段主要是根据价值链分析的理论，利用相关技术对过程进行仿真。显然，在 VCI 逐步求精的过程中，定性分析和定量分析在各阶段所占的比例是不断变化的，这需要根据实际情况灵活把握。

3.4　价值分析

在引入虚拟企业过程模型后，可以利用流程优选矩阵法来确定价值分析的目标过程。本书选用虚拟企业中供应商（伙伴企业）的物料供应过程为目标过程，并对其进行基准研究以说明价值分析方法。

3.4.1　价值的模糊分析方法

品质功能部署（Quality Function Deployment，QFD）可把顾客的需求有效地转化为产品/过程的需求。根据 QFD 的思想，在 VCI 中可以通过基准分析，以优秀企业的过程作为标杆，设置一系列顾客需求，通过质量屋（house of quality）可以将顾客需求转化为对可度量、可操作、有改进潜力的相应过程设计特征，如图 3.3所示。

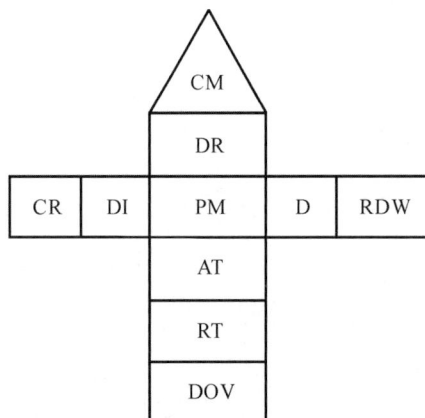

图 3.3　质量屋

假设有 m 个顾客要求(CR)和 n 个相应的过程设计要求(DR)。

$$W_i = (w_i)_{m \times 1}$$

w_i 为第 i 个顾客需求的重要度。

$$DI = (d_i)_{m \times 1}$$

$$d_i = w_i \times AD_i \times COR_i \times \frac{100}{\sum (w_i \times AD_i \times COR_i)}$$

式中,d_i 为第 i 个顾客需求的相对重要度。

$$AD = OCR - CCR$$

OCR 为企业在成本约束下所能达到的最大顾客满意度,CCR 为当前顾客满意度,AD 为过程可改进的潜力。

COR 为该需求对产品价值的影响:一般(COR=1.0),较大(COR=1.5),很大(COR=2.0)。

$$PM = (R_{ij})$$

R_{ij} 为第 i 个顾客需求与第 j 个过程设计要求间的量化关系值。

$$CM = (r_{ij})_{n \times n}$$

r_{ij} 为第 i、j 两过程设计要求 d_i 与 d_j 间的关联程度。

$$DW = (dw_i)_{m \times 1}$$

dw_i 为第 i 个顾客需求的需求权。

$$RDW = (rw_i)_{m \times 1}$$

rw_i 为第 i 个顾客需求的相对需求权。

$$AT = (at_j)_{1 \times n}$$

at_j 为第 i 个顾客需求的绝对技术权。

$$RT = (rt_j)_{1 \times n}$$

rt_j 为第 j 个顾客需求的相对技术权。

DOV 为设计值。各变量之间的关系如下:

$$\sum_{i=1}^{m} d_i = 1, d_i \geqslant 0; \quad dw_i = d_i \sum_{j=1}^{n} R_{ij}; \quad rw_i = dw_i / \sum_{i=1}^{m} dw_i;$$
$$i = 1, 2, \cdots, m; j = 1, 2, \cdots, n \tag{3.1}$$

$$at_j = \sum_{i=1}^{m} d_i R_{ij}; \quad rt_j = at_j / \sum_{j=1}^{n} at_j; \quad i = 1, 2, \cdots, m; \quad j = 1, 2, \cdots, n \tag{3.2}$$

价值分析的目的是求得 RDW 和 RT,将它们作为顾客需求和过程设计要求的价值衡量的依据,从而发现过程中主要的增值和不增值环节,确定过程集成的目标和优先级。其中的 CR 由基准研究得出,DR 由目标过程的活动分解得出,w_i、OCR、CCR、COR、CM 均由领域专家指定,故 DI 可求出。

现在最重要的是确定 PM。PM 中的关系强度 R_{ij} 是由不同企业、不同专业领域和不同经验的人组成的专家小组来确定的,具有群体决策的性质。为了解决多人评价时的决策问题,本书采用模糊决策方法对 PM 进行评定。

设有 m 个人对关系强度 R_{ij} 进行评价。

【定义 3-1】 评价集 $K = \{k_n\}$,$n = 1, 2, 3, 4$,k_n 代表评价的结果,即{强,中,弱,无关}。

【定义 3-2】 评价矩阵 $\boldsymbol{P} = [p_{ij}]_{m \times n}$,$m, n \in \mathbf{N}$,$p_{mn}$ 代表第 m 个人对 R_{ij} 的评判对 k_n 的隶属度。

因为关系强度的划分无明显界限,存在一定的模糊性,所以很难要求评判人员明确表示关系强度必然为强、中、弱或无关,应该允许他们给出 R_{ij} 可能是强、中、弱或无关的概率,即对各等级的隶属度,从而构成评价矩阵 $\boldsymbol{P}_{m \times n}$。这里以隶属函数的模糊性代替了单一值判断的绝对性,符合人们的逻辑思维方式。

【定义 3-3】 评价人员权重矩阵为 $\boldsymbol{A} = [a_1 i]_{1 \times m}$,$0 < i \leqslant m$,$a_i$ 为第 i 个人的权重。

因为决策小组中成员来自各个领域,对某一类问题的知识和经验不可等量齐观,对同一问题决策的可靠程度、对结论的影响程度是不同的,即具有不同的重要程度,因此应被分配不同的权值。这里采用全权分配权重法,该方法是由全组人员分别给其他人和自己分配权重。每个人把 100 分按照他认为的每个人评价结果的重要程度分配给所有人员。然后,把每个人所得的总分相加,归一化后作为该成员的权重,即

$$a_i = \frac{\sum_{j=1}^{m} S_{ij}}{100} \times m \quad (i = 1, 2, \cdots, n)$$

式中,S_{ij} 为第 j 个人分配给第 i 个人的分数。综合各决策人员的评价,得到模糊综合评判集:

$$\boldsymbol{B} = \boldsymbol{A} \cdot \boldsymbol{P} = (b_1, b_2, \cdots, b_n)$$

$$b_j = \sum_{i=1}^{m} (a_i p_{ij}) \quad (j = 1, 2, \cdots, n) \tag{3.3}$$

采用最大隶属度法,即取与最大的评判指标 $\max(b_j)$ 相对应的 k_g 作为 R_{ij} 的最终评判值。

通常各过程设计要求之间可能会有一定的依赖关系的影响,即 PM 是在过程设计空间 SP 由正交向量基所张成的前提下给出的,实际 SP 则不然,表现为 CM 不为单位矩阵。为了减弱 CM 的影响,提高 AT 的独立性,我们对 AT 进行了线性规划处理:$AT = (AT)(CM)^{-1}$。由 R_{ij}、DI、AT 可以求出 RDW 和 RT。在 R_{ij} 的分析过程中,可以发现过程中主要的增值环节和不增值环节,从而确定过程集成的对象和集成方案的重点考虑因素。

基于以上方法,我们首先根据价值链原理将物料供应过程分解为与价值相关的活动集。例如,某虚拟企业由供应商(某供应公司)负责为盟主企业供应物料,该供应商选择分供商(向该供应公司供货的企业)来组成供应网络,以响应盟主企业的物料供应需求。供应商内部的物料供应过程可分解为如图 3.4 所示的活动(该例仅为说明问题而用)。将其与基准研究得到的顾客需求组成顾客需求—活动质量屋,根据标杆法原理,对优秀供应企业的过程进行分析,如表 3.2 所示。因为本例是供应商向盟主企业提供供应服务,因此其中的顾客特指盟主企业。

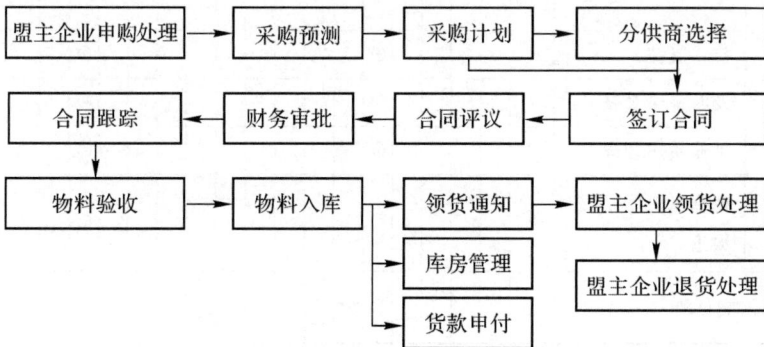

图 3.4　供应商内部的物料供应流程

表 3.2　供应流程基准研究

顾客需求		重要度	盟主企业申购处理	采购预测	采购计划	盟主企业领货处理	分供商选择	签订合同	合同评议	财务审批	合同跟踪	物料入库	物料验收	领货通知	货款申付	库房管理	盟主企业退货处理	优秀企业基准活动的价值评估（顾客满意度）				
																		1	2	3	4	5
时间要求 · 申购环节	手续简便	3	○	⊙	⊙															3		
	申购信息传递可靠性	4	○	⊙	⊙	⊙		○													3	
	方式灵活	3	○		○																3	
时间要求 · 采购环节	采购周期短	5	○	○	○	○	○	○	⊙	○	⊙			⊙	○					3		
时间要求 · 提货环节	及时通知	4										○		⊙		⊙					3	
质量要求 · 正确性	种类、规格、型号符合要求	5	⊙			⊙	○					○									3	
质量要求 · 适用性	产品功能适用	5	⊙			⊙	○					○									3	
质量要求 · 低缺陷	性能稳、低故障	5				⊙	○						⊙							3		
服务要求 · 采购过程服务	编码查询简便	3	⊙		⊙															3		
	随时查询采购相关信息	4									⊙									3		
服务要求 · 售后服务	技术支持	4				⊙											⊙				3	
	及时提供维修	4				⊙											⊙				3	
	维修费用合理	3				⊙											⊙				3	
服务要求 · 其他	畅通的质量反馈渠道	2															⊙			3		
成本	产品价格合理	1					⊙	⊙	⊙												3	

注:某过程环节对满足顾客需求所起的作用用⊙（强）、○（中等）、空格（无影响或影响很小）表示。

同样,可以由领域专家根据虚拟企业过程运营的要求对目前物料供应过程中每个活动的现状进行评价和分析,建立起运营要求—活动质量屋。分析出各活动对运营要求的影响程度,影响程度大的环节就是过程优化的目标。优化可参考表3.2中基准活动的做法。目标过程的价值分析结果如表3.3所示,对某运营要求而言,带"⊙"的活动是价值链中影响价值增值的瓶颈活动。

表 3.3　目标过程的价值分析

顾客需求		重要度	盟主企业申购处理	采购预测	采购计划	盟主企业领货处理	分供商选择	签订合同	合同评议	财务审批	合同跟踪	物料入库	物料验收	领货通知	货款申付	库房管理	盟主企业退货处理	供应企业目前活动的价值评估（顾客满意度）				
																		1	2	3	4	5
成本要求	降低采购价格	4	△	O			⊙		⊙	O										3		
	降低采购费用	4					⊙		△		⊙									3		
	降低库存水平	3		△	⊙					△			O			⊙					3	
	加强调拨控制	2		O	O		⊙		⊙	△							O			3		
服务质量	缩短采购周期	5		O	⊙		⊙		O		⊙	O	O	△						3		
	保证采购物品质量	5					⊙		O	O										3		
	提高售后服务水平	2					⊙										O			3		
工作效率	提高采购计划性	4		⊙	⊙						O									3		
	过程执行规范化	3	⊙	O						O		⊙	⊙							3		
	提高工作效率	3		O	⊙		⊙								△					3		
安全性	提高安全性	4		O	O		⊙		△	⊙										3		
	降低错误率	1	⊙		⊙		O							O						3		

注:某过程环节对运营要求的影响程度用⊙(强)、O(中等)、△(弱)、空格(无影响或影响很小)表示。

下面从多目标规划理论出发对价值分析进行数学表达。

设 y_i 表示运营要求 i 的价值,$i=1,2,\cdots,n$。x_j 表示活动 j 对实现 y_i 的价值,$j=1,2,\cdots,m$。各过程环节的 x_j 与运营要求的 y_i 之间的函数关系用 f_i 表示:

$$y_i = f_i(x_1, x_2, \cdots, x_m) \tag{3.4}$$

x_j 与其他 $x_1,x_2,\cdots,x_{j-1},x_{j+1},\cdots,x_m$ 之间的函数关系用 g_j 表示：

$$x_j = g_j(x_1,x_2,\cdots,x_{j-1},x_{j+1},\cdots,x_m) \tag{3.5}$$

总的运营要求的价值 F 是由各个运营要求属性的价值决定的：

$$F = w_i y_i \tag{3.6}$$

式中，w_i 为运营要求属性 i 的权重（重要度），$w_i \in [0,1]$，且 $\sum_{i=1}^{n} w_i = 1$。

至此，过程集成可以描述成一个多目标优化问题：在函数关系(3.4)、(3.5)以及一些其他的条件（如过程的时间限制、工程成本等）的约束下，通过过程优化来改变一组活动的价值 $x_1,x_2,\cdots,x_m$，使总的运营要求的价值 F 最大。后面将给出计算活动价值 x 的理论框架和过程优化方法。

3.4.2　优化方案的模糊评估

根据求得的 RDW 和 RT，可以确定过程优化目标及其优先级和需要重点优化的过程环节（见表 3.4），并给出备选的优化方案。由于各方案对优化目标的满足程度不同，因此方案评估属于多目标决策问题。以 $A_i(i=1,2,\cdots,m)$ 表示第 i 个方案，$X_j(j=1,2,\cdots,n)$ 表示优化目标，则多目标决策问题可表示为 $M_{ij} = \{x_{ij}\}$，x_{ij} 表示第 i 个方案对第 j 个目标的贡献，它可由与求 PM 类似的方法确定。下面给出优化方案的价值评估方法。

(1)根据价值分析的结果，建立递阶层次过程优化目标评价指标体系。为了说明问题，这里设为三级，如表 3.4 所示。

$$\boldsymbol{G} = [\boldsymbol{g}_1,\boldsymbol{g}_2,\cdots,\boldsymbol{g}_m], \boldsymbol{g}_i = [\boldsymbol{g}_{i1},\boldsymbol{g}_{i2},\cdots,\boldsymbol{g}_{in}], \boldsymbol{g}_{ij} = [\boldsymbol{g}_{ij1},\boldsymbol{g}_{ij2},\cdots,\boldsymbol{g}_{ijp}]$$
$$(i=1,2,\cdots,m;j=1,2,\cdots,n) \tag{3.7}$$

(2)利用 AHP 法(Analytic Hierarchy Process,层次分析法)确定各级优化目标的权重，具体见附录 Ⅱ。

$$\boldsymbol{W} = [\boldsymbol{w}_1,\boldsymbol{w}_2,\cdots,\boldsymbol{w}_m], \boldsymbol{w}_i = [\boldsymbol{w}_{i1},\boldsymbol{w}_{i2},\cdots,\boldsymbol{w}_{in}], \boldsymbol{w}_{ij} = [\boldsymbol{w}_{ij1},\boldsymbol{w}_{ij2},\cdots,\boldsymbol{w}_{ijp}]$$
$$(i=1,2,\cdots,m;j=1,2,\cdots,n) \tag{3.8}$$

且 $\sum_{i=1}^{m} \boldsymbol{W}_i = 1, \sum_{j=1}^{n} \boldsymbol{W}_{ij} = 1, \sum_{k=1}^{p} \boldsymbol{W}_{ijk} = 1, \boldsymbol{W}_i \geqslant 0, \boldsymbol{W}_{ij} \geqslant 0, \boldsymbol{W}_{ijk} \geqslant 0$。

(3)确定各级优化目标的最优、最劣指标集 G^+、G^-，即方案的可行域。

$$\boldsymbol{G}^+ = [\boldsymbol{g}_1^+,\boldsymbol{g}_2^+,\cdots,\boldsymbol{g}_m^+], \boldsymbol{g}_i^+ = [\boldsymbol{g}_{i1}^+,\boldsymbol{g}_{i2}^+,\cdots,\boldsymbol{g}_{in}^+], \boldsymbol{g}_{ij}^+ = [\boldsymbol{g}_{ij1}^+,\boldsymbol{g}_{ij2}^+,\cdots,\boldsymbol{g}_{ijp}^+]$$

$$\boldsymbol{G}^- = [\boldsymbol{g}_1^-,\boldsymbol{g}_2^-,\cdots,\boldsymbol{g}_m^-], \boldsymbol{g}_i^- = [\boldsymbol{g}_{i1}^-,\boldsymbol{g}_{i2}^-,\cdots,\boldsymbol{g}_{in}^-], \boldsymbol{g}_{ij}^- = [\boldsymbol{g}_{ij1}^-,\boldsymbol{g}_{ij2}^-,\cdots,\boldsymbol{g}_{ijp}^-]$$
$$(i=1,2,\cdots,m;j=1,2,\cdots,n) \tag{3.9}$$

表 3.4 过程优化目标及其优先级

一级	二级	三级	优先级	备选方案（BI）
采购指标	时间指标	采购周期短		各审批环节； 分供商选择； 合同跟踪
	服务指标	随时查询采购状态		各审批环节； 签订合同； 合同跟踪； 物料验收； 物料入库
	质量指标	规格、型号等符合要求	降 低	各审批环节； 分供商选择； 物料验收
		安全性高		物料验收； 货款申付
	服务指标	申购信息传递可靠		采购计划； 盟主领货处理； 签订合同
	成本指标	降低采购价格		分供商选择
	质量指标	性能稳定		分供商选择； 物料验收
	服务指标	提供技术服务		供应商选择
	成本指标	降低采购费用		分供商选择； 合同跟踪
	服务指标	及时提供维修服务		分供商选择
生产指标	…	…		…
销售指标	…	…		…

指标的性质有两类：数值型和非数值型。对于非数值型指标（如及时提供维修服务、安全性），衡量指标优劣的是模糊逻辑语言，如满意或不满意。我们将其按满意度从小到大用 1～9 分表示。对于数值型指标（如采购周期），取其可行范围的上、下限作为最优、最劣值（若某指标为效益型指标，则取大值为优；若为成

本型指标,则取小值为优)。

(4)确定刻画指标值优劣的隶属度函数。

由于各评价指标的物理意义、量纲、数量级不同,对评价对象的作用趋向也不一致,所以必须进行无量纲处理,以便进行多指标的综合评价,而且该无量纲值应能表示出各指标函数值优劣。同时,考虑到指标值的优劣难以定量严格划分,具有模糊性,这里采用隶属度函数 μ 来表征无量纲处理后指标函数值的优劣。令 μ_i 表示与第 i 个评判目标对应的过程设计参数的评分或满足程度,可定义为:

$$\mu_i = \begin{cases} 1, & g_i \geqslant g_i^+ \\ \dfrac{g_i - g_i^-}{g_i^+ - g_i^-}, & g_i^- < g_i < g_i^+ ,\text{效益型} \\ 0, & g_i < g_i^- \end{cases}$$

$$\mu_i = \begin{cases} 1, & g_i \geqslant g_i^+ \\ \dfrac{g_i - g_i^-}{g_i^+ - g_i^-}, & g_i^+ < g_i < g_i^- ,\text{成本型} \\ 0, & g_i < g_i^- \end{cases} \tag{3.10}$$

式中,g_i 为方案的第 i 个指标值。由隶属函数组成的单目标评判矩阵为:

$$\boldsymbol{U} = (\mu_1, \mu_2, \cdots, \mu_s)^{\mathrm{T}} \tag{3.11}$$

(5)根据最大隶属度原则,选择最优方案 $\max b_i$,$1 \leqslant i \leqslant p$。

$$\boldsymbol{B} = \boldsymbol{W} \circ \boldsymbol{W}_i \circ (\boldsymbol{W}_{ij} \circ \boldsymbol{U}) = (b_1, b_2, \cdots, b_p) \tag{3.12}$$

符号"。"表示模糊广义算子,如取大运算、取小运算、普通加法、普通乘法等,可根据评价问题的特点合理选择。

该方法从模糊理论出发,将定性、定量指标用相对于最优值的隶属度函数统一起来,解决了优化方案评估的多目标决策问题,为过程集成的优化奠定了理论基础。

3.4.3 价值链框架

上节对过程进行了活动分解,通过对活动的层次、目标和作用进行研究,我们建立了如图 3.5 所示的价值链框架,它表达了制造业虚拟企业各价值链的关系以及它们所处的市场范围和网络环境的不同。每种价值链在虚拟企业中所处的地位和作用各不相同,如表 3.5 所示。其中竞争对手价值链可作为价值分析的参考。

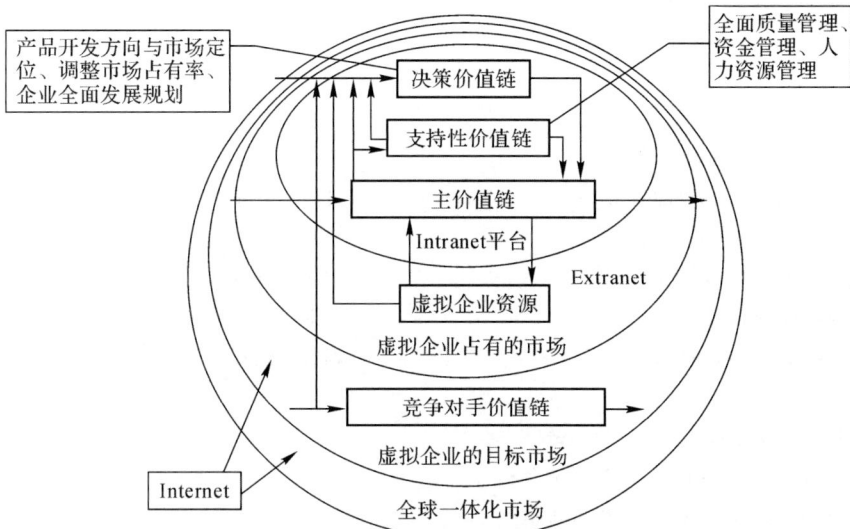

图 3.5　制造业虚拟企业价值链框架

表 3.5　价值链的分类

类型	定义	内容
决策价值链	决定虚拟企业价值取向的决策活动,属于战略决策层	提高价值链的可靠性、敏捷性; 确定产品开发方向与市场定位; 扩大市场占有率; 企业全面发展规划; 吸纳资金; 拓展新市场
主价值链	实现战略层价值目标的主要增值活动,属于战术操作层	物料采购、生产制造、产品销售、产品服务、开发设计
支持性价值链	为主价值链提供服务和支持的辅助活动	全面质量管理、资金管理、人力资源管理
竞争对手价值链	来自竞争对手的价值链活动	基准分析

以上是对价值链的定性讨论,下面给出对价值链的定量描述,价值链的 C++形式化描述如下:

```
class value_chain//价值链
{
    public:
        value_chain();
        ~value_chain();
        Boolean process(Double in_value,Double out_value);//使活动增值的处理操作
        Boolean create();                       //启动活动操作
        Boolean cancel();                       //取消活动操作
        Boolean subspend();                     //挂起活动操作
        Boolean monitor();                      //监控活动操作
    private:
        Integer vc_id;          //价值链唯一编号
        String vc_name;         //价值链名称
        Double in_value;        //输入价值
        Integer out_value;      //输出价值
        Integer level;          //价值链层次(决策价值链、主价值链、支持价值链)
        Integer parent_id;      //该价值链所属的上级价值链
        Integer bou_id;         //该价值链所用到的组织元
        rule rule_type;         //该价值链的逻辑约束集
};
class value                 //价值
{
    public:
        value();
        ~value();
    private:
        Integer res_id;         //资源号
        Double count;           //资源数量
        Double value;           //资源价值
};
class in_value:public value     //输入价值
{
    public:
        in_value();
        ~in_value();
    private:
```

```
    Integer pre_direct；        //紧前过程
};
class out_value：public value      //输出价值
{
  public：
    out_value()；
    ～out_value()；
  private：
    Integer post_direct；      //紧后过程
};
class v_evaluate              //价值评价
{
  public：
    v_evaluate()；
    ～v_evaluate()；
    Double method()；//评价函数。例如：生产原料评价方法类似于 MRP-Ⅱ(Manufacturing
                     Resource Planning,制造资源规划)中的成本预算和结算等,对无形
                     资产的价值评价可参照有关财务会计方法(孙茂竹,1994)。
    protected：
    private：
      Integer system_id；//价值评价体系(经济效益、财务评价、综合评价……)
      Integer method_id；//价值评价方法(AHP、ROI、ROP、综合比较、数据组合……)
      Integer res_type；//资源类型(生产原料、固定资产、无形资产、管理费用、工资费用
                       ……)
};
class rule
{
  public：
    rule()；
    ～rule()；
    Integer compose(Integer first_process,Integer second_process)；
    //过程一和过程二可以通过任意的逻辑组合表达复杂的关系
  protected：
  private：
    Integer rule_type；      //逻辑类型(顺序、分支、汇合、条件、循环、并行)
    Integer process_one；    //过程一
```

Integer process_two; //过程二

};

...

图 3.6 表达了以上各类之间的关系。对某一价值链 vc_id(过程或活动),设 v_pre 为其紧前过程(pre_direct)输出到本过程或活动的价值,v_post 为其输出到紧后过程(post_direct)或活动的价值。v_add 为本过程或活动增加的价值,也就是式(3.4)中的 x。

如果确定了本过程或活动消耗的资源数量(count)、资源类型(res_type),根据资源类型可以选择评价该类资源的体系(system_id)和方法号(method_id),调用评价方法集中的方法 method( )可将本过程或活动消耗的资源转化为 v_add,则 v_post=v_pre+v_add。由此可见,价值的大小很大程度上取决于资

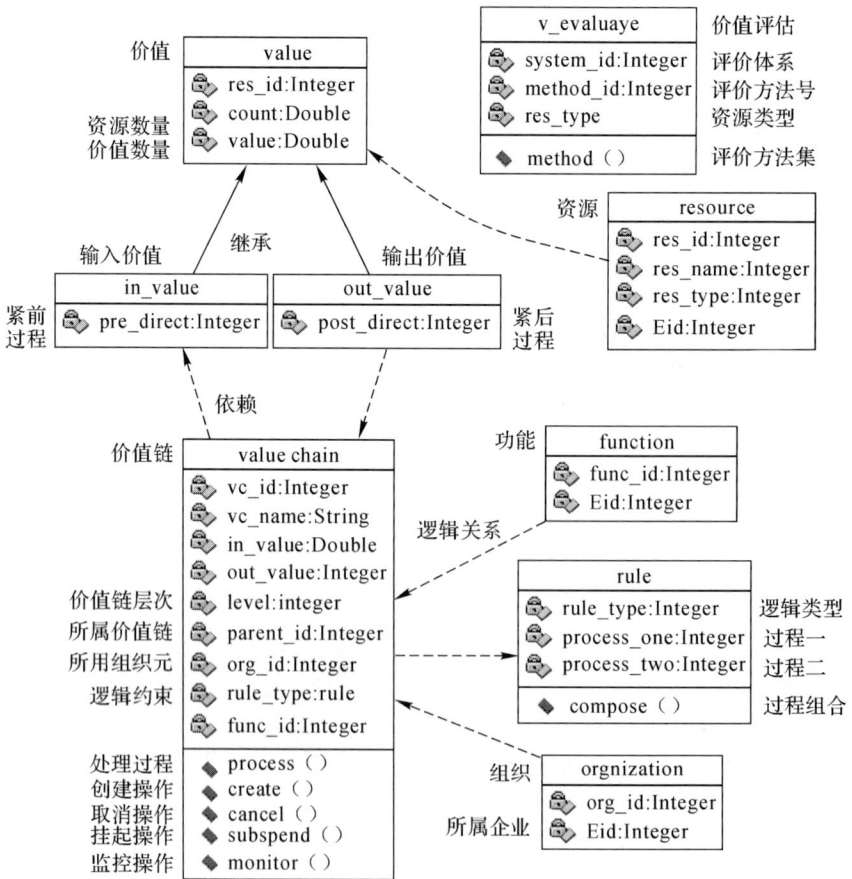

图 3.6　价值链各概念间的关系

源的合理配置。对供应链式的虚拟企业而言,资源的合理配置是由供应链上的产品产量决定的,因此,供应链上伙伴企业间产量的联合决策问题成为价值分析中的关键问题。下节将对该问题进行讨论。

在很大程度上,我们可用成本来表示过程的价值。下面给出基于以下假设的价值链的成本计算参考方法。

假设 1:过程 $i = P_{ab}(i, a, b \in \mathbf{N}; a$ 表示过程的层次,b 表示同一层次上过程的序号)。

假设 2:产量单位成本随着累积产量的增加而降低。

假设 3:上周期的工时和原材料成本根据一定的技术指数转化为本周期成本的初值。

假设 4:伙伴企业核算成本的汇率、通货膨胀率等应转换为其所在国家的标准。

价值链成本主要包括物料成本、劳动力成本、运输成本、设备成本和其他变动成本等。

(1)物料成本:从假设 2 可知,物料成本随累积产量的增加而降低。

$$M_{it} = m_i im_{it} \int_0^{n_t} n^{f_i} \mathrm{d}n, \ f_i = \lg F_i / \lg 2 \tag{3.13}$$

式中,M_{it} 为过程 i 在 t 周期生产 n_t 产品的总物料成本(时间转化为当地时间);m_i 为过程 i 的第一个部件的物料成本(时间轴的开始点);im_{it} 为过程 i 第 t 周期的物料成本通货膨胀率等;n_t 为第 t 周期内的累计产量;F_i 为物料成本经验曲线指数,$0 \leqslant F_i \leqslant 1$;$n$ 为累计产量。

(2)劳动力成本:这里直接以工时为基础计算价值链的劳动力成本。

$$L_{it} = l_i il_{it} y_{it} \int_0^{n_t} n^{g_i} \mathrm{d}n, \ g_i = \lg G_i / \lg 2 \tag{3.14}$$

式中,L_{it} 为过程 i 在 t 周期生产 n_t 产品的总劳动力成本(时间转化为当地时间);l_i 为过程 i 的单位时间劳动成本;il_{it} 为过程 i 第 t 周期的单位工时的通货膨胀率等;n_t 为第 t 周期内的累计产量;G_i 为物料成本经验曲线指数,$0 \leqslant G_i \leqslant 1$;$n$ 为累计产量。

(3)运输成本:交货频率和经济运输批量都决定着运输成本的大小。

$$T_{it} = \sum_{m=1}^{M} s_{im} is_{it} d_{mt} \tag{3.15}$$

式中,s_{im} 为部件从过程 i 转移到过程 m 的运输单位成本;is_{it} 为过程第 t 周期的运输成本通货膨胀率等;d_{mt} 为过程 m 第 t 周期内的累计需求。

（4）设备成本和其他变动成本：

$$U_{it} = (u_i iu_{it} + v_i iv_{it})n_t \tag{3.16}$$

式中，u_i、v_i 为过程 i 单位设备成本和单位其他变动成本；iu_{it}、iv_{it} 为过程 i 第 t 周期的单位成本通货膨胀率等；n_t 为累计产量。

（5）价值链的总成本：

$$\text{TC}(k) = \sum_{t=1}^{T} \Big\{ \sum_{i \in k} (M_{it} + L_{it} + T_{it} + U_{it}) e_{it} pv_{it} \Big\} \tag{3.17}$$

式中，e_{it} 为汇率（伙伴企业过程 i 成本对盟主企业的汇率）；pv_{it} 为过程 i 成本第 t 周期现值折扣率；k 为过程的序列。

3.4.4 产量决策

主价值链、支持性价值链都是在决策价值链的指导下运作的，竞争对手价值链是用来辅助决策价值链进行决策分析的。因此，决策价值链在价值链体系中具有举足轻重的地位。价值链可靠性问题是虚拟企业价值链研究的首要问题，它直接决定了价值链对市场变化的适应能力。

在供应链式虚拟企业中，机遇产品最终面对的是不确定的市场需求。前序环节面对的是后续环节对各种原材料和零部件的需求，所有环节均为保证最终产品的生产能满足市场的需求，实现产品的价值。不确定的市场需求对价值链的可靠性提出了严峻的考验。

产品需求的不确定性为虚拟企业协调组织生产，确定各伙伴企业的产量带来了一定的困难：计划产量过大，会造成库存积压，占用流动资金并导致保管费用增加；计划产量过小，又会造成临时随机订货而延期交货，进而造成延期损失，甚至市场丧失。与此同时，在应付临时随机订货而修订计划时，由于追加计划的产品生产打破了原有的均衡计划，且可能超出了现有制造能力，其生产成本将高于正常计划内产品的生产成本。因此，产量决策是虚拟企业研究的重要问题。供应链各伙伴企业的计划产量若各自独立决策，则供应链的可靠性无法保证，进而无法保证虚拟企业总体利润的最大化。这时，价值链分析表现为供应链上产量的配置问题。供应链式虚拟企业产量联合优化决策成为决策价值链中亟待解决的关键问题。为此，本书在前人研究的基础上，将产量联合决策模型拓展到虚拟企业。为了简化分析，在供应链上假设只有原材料或零部件配套供应伙伴企业和最终产品制造的盟主企业。

3.4.4.1 成本构成分析

设供应商 S 为原材料或零部件配套供应伙伴企业,制造商 M 为最终产品制造盟主企业。在组织生产过程中,两个企业都会发生各种生产费用。这些费用包括:①S 企业原材料或零部件配套供应成本,这部分成本可分为固定成本和变动成本两部分,其中固定成本为 f_S,单位变动成本为 v_S,如原材料或零部件配套供应量为 Q_S,则零部件配套供应成本为 $f_S + v_S Q_S$;②M 企业加工制造最终产品的成本,这部分成本也可分为固定成本和变动成本,如其中固定成本为 f_M,单位变动成本为 v_M,最终产品的计划产量为 Q,则加工制造成本为 $f_M + v_M Q$;③当产量不等于市场需求量时超量最终产品的附加库存费用和延期交货的惩罚费用(如赔款等),由于最终产品的附加库存费用是由保管和资金占用等诸多成本动因引起的,为了简化模型,这里将各成本动因对库存费用的影响归结到单位最终产品库存费用 h 上,同理,将各成本动因对惩罚费用的影响归结到单位最终产品惩罚费用 w 上,如最终产品的市场需求为 x,则最终产品库存费用为 $(Q-x)h$,延期交货惩罚费用为 $(x-Q)w$。

如前所述,当虚拟企业为应付临时随机订货而要追加生产计划时,M 企业最终产品的生产成本和 S 企业原材料及零部件配套供应成本都将有所增加。设 M 企业追加最终产品生产计划的固定成本和单位变动成本分别为 f_{Ma} 和 $v_{Ma}(y)$,其中 $y=x-Q$;S 企业相应地追加原材料及零部件配套供应的固定成本和单位变动成本分别为 f_{Sa} 和 $v_{Sa}(z)$,其中 $z=ax-Q_S$,a 为单位最终产品消耗零部件配套的比例系数。根据经济学理论,当生产规模超出经济的规模时,产品的边际成本是递增的。另外,由于存在生产加工能力约束、计划调整困难等因素,追加计划的生产成本将大于正常计划生产的成本。由此可以确定,成本 $f_{Ma} \geq f_M$,$v_{Ma}(y) \geq v_M$,$f_{Sa} \geq f_S$,$v_{Sa}(z) \geq v_S$,其中 $v_{Ma}(y)$ 是单调增函数。为了后面分析方便,将 $v_{Ma}(y)$ 分解为分段线性化的函数,即

$$v_{Ma}(y) = \begin{cases} 0, & y \leq 0 \\ v_{M1}y, & 0 = q_0 < y \leq q_1 \\ v_{M2}y, & q_1 < y \leq q_2 \\ \quad \vdots \\ v_{Mn}y, & q_{n-1} < y \leq q_n \to \infty \end{cases} \qquad (3.18)$$

式中,$v_{M1} < v_{M2} < \cdots < v_{Mn}$。

3.4.4.2 优化模型

1）决策变量的确定

设 $Q_S = aQ + u, a \geq 1$，比例系数 a 是由 BOM 决定的已知量；$u \geq 0, u$ 为原材料及零部件配套供应裕量。现在的问题是如何根据对最终产品需求的预测及其概率分布来确定最终产品的计划产量 Q 和原材料及零部件配套供应量 Q_S，以使企业总利润最大，计划决策变量为 Q 和 u。

2）目标函数的建立

设最终产品的单价为 p，其市场需求量为 x，则虚拟企业该产品销售收入为 px。如用 π 表示虚拟企业利润，根据成本构成分析的结果，可得总利润为：

$$\pi(Q,u) = px - |x - Q| b(y) - [f_M + v_M Q + f_{Ma}(y) + v_{Ma}(y)]$$
$$- [f_S + v_S(aQ + u) + f_{Sa}(z) + v_{Sa}(z)] \qquad (3.19)$$

$$b(y) = \begin{cases} h, & y > 0 \\ w, & y \leqslant 0 \end{cases}$$

$$f_{Ma}(y) = \begin{cases} 0, & y > 0 \\ f_{Ma}, & y \leqslant 0 \end{cases}$$

$$f_{Sa}(z) = \begin{cases} 0, & z = 0 \\ f_{Sa}, & z > 0 \end{cases}$$

式中，$y = x - Q, z = \max\{ax - (aQ + u), 0\}$。

设最终产品随机需求 x 的概率密度函数与分布函数分别为 $f(x)$ 和 $F(x)$，均值为 μ。用 $J(Q,u)$ 表示虚拟企业利润的期望值，即 $J(Q,u) = E[\pi(Q,u)]$，则有：

$$J(Q,u) = p\mu - \left\{ hQF(Q) - h\int_0^Q x f(x)\mathrm{d}x + w\int_Q^\infty x f(x)\mathrm{d}x \right.$$
$$\left. - wQ[1 - F(Q)] \right\} - \left\{ f_M + v_M Q + f_{Ma}[1 - F(Q)] \right.$$
$$+ \sum_{j=1}^n v_{Mj} \int_{jQ+q_{j-1}}^{Q+q} (x - Q) f(x)\mathrm{d}x \right\} - \left\{ f_S + v_S(aQ + u) \right.$$
$$+ f_{Sa}[1 - F(Q + a^{-1}u)] + a v_{Sa} \int_{Q+a^{-1}u}^\infty x f(x)\mathrm{d}x$$
$$\left. - v_{Ma}(aQ + u)[1 - F(Q + a^{-1}u)] \right\} \qquad (3.20)$$

如前所述，在该虚拟企业内，虚拟企业间供应链的产量优化决策问题是确定最优的最终产品产量 Q 和原材料及零部件配套供应量 $aQ + u$ 中的 u，以使虚拟企业总利润最大。式(3.20)给出上述决策问题的目标函数,其最优解存在的条件是 $J(Q,u)$ 对 Q 和 u 的一阶导数为零,且为凸函数。

该方法为多伙伴企业产量的联合优化提供了思路。具有多伙伴企业的供应链产量联合优化模型可在此基础上推广。

3.5　过程优化

上节我们对虚拟企业部分过程进行了价值分析,采用同样的方法,可以对虚拟企业其他运营过程进行价值分析。通过分析,我们可将虚拟企业中主要的不增值或需要优化的过程环节归纳为如表3.6所示的几个方面。其中,产品的增值过程(图3.7中以物料状态的变化表达增值)中合作伙伴间物料的重复转移、运输、等待、检验等活动是虚拟企业的主要不增值环节(见图3.7中虚框中的环节),也是虚拟企业过程集成中经常考虑的可优化环节。

过程集成可以看作在价值分析的基础上对虚拟企业过程模型的反复优化。下面给出制造业中供应链式虚拟企业的过程模型及其过程优化参考方法和相关策略。过程模型的粒度应以能够说明过程优化策略而又不过多地陷入活动的细节为宜。

表 3.6　虚拟企业中的不增值或需要优化的过程环节

不增值或需要优化的过程环节	具体过程环节	不增值或需要优化的过程环节	具体过程环节
过程删除	过度生产和供应	过程集成	任务集成
	不必要的等待时间		工作团队集成
	多余的运输和移动环节		与顾客间的集成
	不必要的报表与文件		与供应商间的集成
	重复性任务、信息		与销售商间的集成
	重复性检查、监视、控制		与外协厂间的集成

续表

不增值或需要优化的过程环节	具体过程环节	不增值或需要优化的过程环节	具体过程环节
过程简化	操作程序与形式	过程自动化	脏、难、危险任务
	通信与交流		机械重复任务
	技术与操作难度		信息采集
	信息流与物流		信息传递
			数据分析

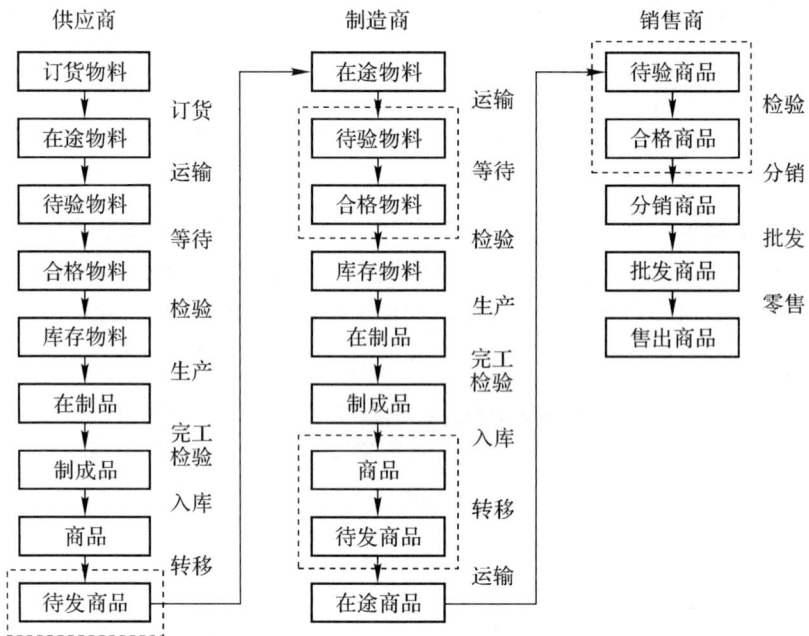

图 3.7　产品增值过程

3.5.1　优化约束分析

在进行过程优化之前,首先应该根据变化了的环境对过程进行优化约束分析。在虚拟企业环境下,过程优化的约束包括动态联盟对企业过程的要求、伙伴企业之间的相互约束以及企业内部自身的各种约束。从约束的类型来讲,主要有以下几种。

(1)政策约束。国家或地区的有关法律法规、国际标准、国家标准、行业标准、企业标准以及习惯等都会对过程优化形成制约。

(2)领域约束。指虚拟企业对伙伴企业核心过程所提出的范围要求,即伙伴企业参与虚拟企业机遇产品过程中的那一部分过程领域。

(3)时间约束。过程优化在完成时间上的限制与要求。

(4)成本约束。过程优化所包含的各种成本的要求。

(5)质量约束。过程优化所应达到的质量上的要求。

(6)资源约束。过程优化所必需的各种资源需求。它包括企业自身的资源约束与伙伴企业相互间的资源需求与制约。此外,资源约束还包括各种资源的流动与运输的制约。

(7)信息约束。过程优化所必需的各种信息需求,它包括企业自身的信息需求与信息传递约束以及伙伴企业相互间的信息需求与信息传递约束。

3.5.2 过程优化方法

过程优化主要通过价值链的横向集成与纵向集成来实现。简化是集成的前提,在简化的基础上进行集成,将使过程特性发生根本性的变化,即由原来的串行改为并行,或由原来大量反馈结构的过程改为合作型的过程,集成过的价值链提高了过程的并行度。

供应链式虚拟企业的运营活动主要由盟主企业(b)和外协厂商(伙伴企业c)的生产、供应商(伙伴企业 d)的物料供应(包括原材料、标准零部件等)和销售商(伙伴企业 a)的商品销售组成,其中各活动间的相互信息传递和依赖关系错综复杂。不同的企业由于生产类型不同、职能部门的划分不同、管理方式不同,其运作方式也不同。由于我们旨在说明虚拟企业中过程集成的方法,这里仅给出以 MRP-Ⅱ方式控制的订货型虚拟企业的 VE 运营过程的下层子过程模型(见图 3.8)。当然,该模型对实际过程进行了简化(假设该企业主要进行生产而不是设计开发),只对虚拟企业中主要的、具有共性的过程做出了描述,但仍可用来说明虚拟企业过程集成的方法。图中每一个方框代表一个过程 P,其中的编号为过程的唯一标识。编号的第一位代表过程所属的企业(a——销售商,b——盟主企业,c——外协厂商,d——供应商),虚框中的是销售商、外协厂商、供应商,虚框以外的部分为盟主企业。需特别注意的是,这些过程是各合作企业参与本虚拟企业的过程部分,如供应商的销售计划 d2 是指供应商针对虚拟企业中盟主企业的采购计划而制订的那部分销售计划,不包括它对其他企业供应物料而制订的销售计划部分。尽管这两部分有关联,但可以采用标记的方法区分开来。其他过程的含义与d2类同。另外,因为外协厂商和盟主企业的收、付款过程与供应商类似,故这里省略了。

在该模型中,盟主企业负责机遇产品中主关部件的生产,外协厂商负责机遇产品中一般部件的生产,供应商提供所有原材料或零部件配套的供应,销售商负责所有商品的销售。为了便于说明,我们仅给出了一个外协厂商、一个供应商和一个销售商,实际上它们是由多个同类企业组成的网络。以下对该模型进行优化,希望其中的方法和策略对虚拟企业过程集成能起到指导作用;然而,在实际中可能有许多约束条件限制某些方法的应用。

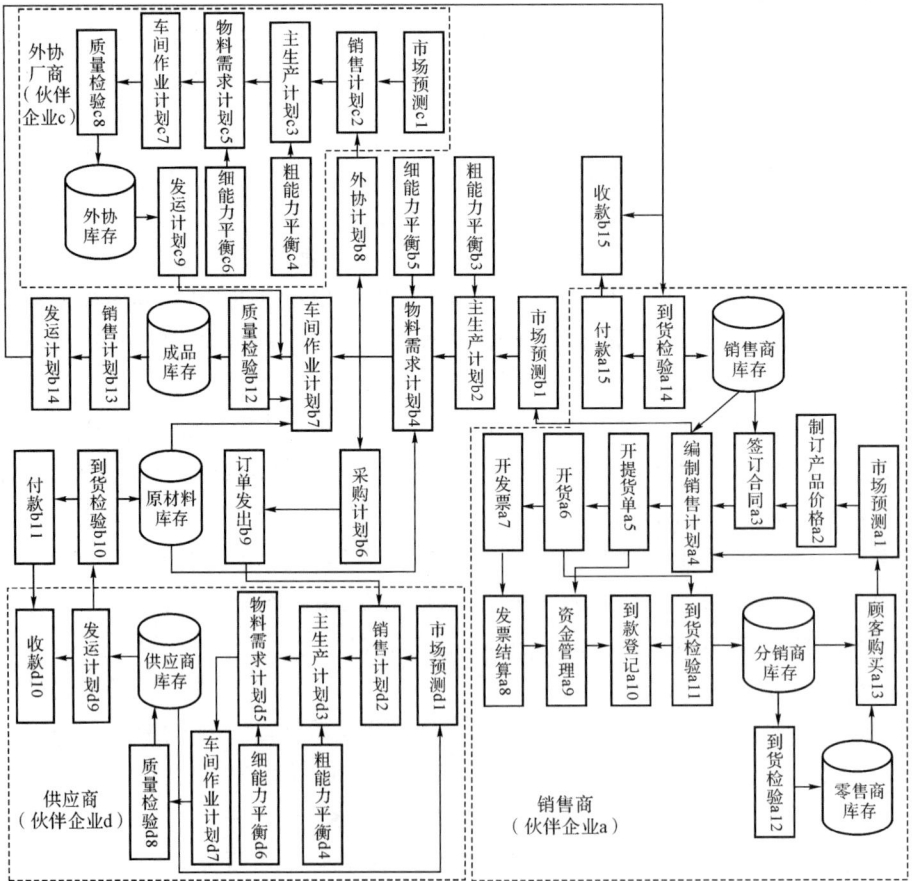

图 3.8 制造业供应链式虚拟企业运营子过程模型

过程优化的途径可以总结为 ESIA 原则,即删除(Eliminate,E)、简化(Simplify,S)、集成(Integrate,I)、自动化(Automate,A)。下面分别进行说明。

1)过程删除

过程删除是将过程中的非生产性活动与非增值性活动尽可能多地从过程中删除,以提高过程运作的绩效。

由于虚拟企业建立在各企业充分信任与合作的基础上,经过伙伴选择与评估,各合作企业都是满足机遇产品需求且具有竞争优势的企业。盟主企业可以同能够充分保证质量、交货期的供应商建立长期的合作伙伴关系,甚至帮助某些供货商过程重组来达到供货的质量和交货期要求。这样供应商送来的物料可免检,节省了质量检验的费用和时间,可进一步实现 JIT 库存控制。同样,盟主企业对外协厂商、销售商对盟主企业也可以使用该方法达到双赢的效果。供应商和外协厂商通过与盟主企业签订长期合同可省略"销售计划 d2""销售计划 c2"。另外,既然销售商具有很强的销售能力,盟主企业的"销售计划 b13"实际可作为销售商的"编制销售计划 a4"的一部分而省略。以上措施也符合虚拟企业利益共享、风险共担的原则。

2)过程简化

过程简化是对活动进行一定程度的合并与简化,从而使活动的数目和联系减少。简化时,过程的基本输入属性和必要的输出属性应保持不变。活动是由其输入、输出关系与处理规则决定的,通过分析活动的输入、输出的可达关系可使某些活动合并,合并以后的活动可能更为复杂,但可利用信息技术来辅助执行。活动的处理规则实际上是由管理思想来决定的,通过对过程的再思考来分析每个活动存在的价值,适当改变管理思想可删除一些不必要的或非增值性的活动。

在图 3.8 中收款和付款环节从虚拟企业的角度来看是一个内部事务,通过统一的电子支付平台完全可以将其简化,甚至删除。如果依靠先进的生产设备和检测技术,能保证产成品的合格率或在作业中自动完成质检任务,则可以将"车间作业计划 b7"同"质量检验 b12"简化为制造一个过程。"订单发出 b9"可通过在"采购计划 b6"中加入订单发出功能而省略。

3)过程集成

过程集成是统筹安排所有过程中的活动,使之成为敏捷高效的有机整体。主要从任务集成,组织集成,虚拟企业与顾客间的集成,盟主企业与供应商、销售商和外协厂商之间的集成等四个方面来进行考虑。

任务集成通过 WfMS 对虚拟企业分布在不同地理位置上的资源、工具和人员进行分布式任务协同和调度。组织集成是面向过程建立起跨企业、跨部门的工作组对虚拟企业过程进行项目管理。虚拟企业与顾客间的集成主要通过 CRM(Customer Relationship Management,顾客关系管理)来支持各销售活动,更好地为客户服务。

下面主要介绍盟主企业与供应商、销售商和外协厂商之间的集成。

(1)根据 JIT 的原则,理想情况下,盟主企业可利用外协厂商和供应商的库存而实现零库存,降低库存费用。这样盟主企业的"原材料库存"可用供应商的"供应商库存"代替,盟主企业制造过程中的"车间作业计划 b7"可作为外协厂商的"发运计划 c9"和供应商的"发运计划 d9"。

(2)在供应链式虚拟企业里,当市场需求发生变化时,变化的信号会沿着供应链"销售商—制造商—供应商"逐渐放大,这种现象称为"牛鞭效应"。为了消除牛鞭效应,可以将成品库存同销售商库存合并成产销联合库存。联合库存是一种风险共担的库存管理模式,它不仅能减轻销售商为应付顾客需求的不确定性而大量备货的压力,也能降低需求变异放大的危险。

(3)主生产计划、粗能力平衡、物料需求计划、细能力平衡主要解决企业的生产计划问题,可把它们合并为一个过程生产计划。在供应链式虚拟企业中,由于企业资源的外配,物料需求计划扩展到了整个供应链,相应的能力平衡也扩展到了供应链的全过程,这使生产计划具有群体决策特征。为了解决群体决策中的利益冲突问题,我们将价值链分析纳入生产计划过程中,局部利益服从全局利益,从而使价值链整体最优。

(4)销售活动实际上可集成为以下几个过程:①制订产品价格,可以用决策支持系统来支持该过程的执行;②签订销售合同;③发货活动;④资金管理。在信息技术的支持下可以将其中的许多活动自动化。

通过以上分析,我们认为建立以下集成平台对过程集成是非常有必要的。

(1)从物流方面来看,所有的发运可通过统一的配送中心来执行或调度。根据各企业的具体的地址和运力分布,配送中心可以是一个实在的组织,也可以仅是一个负责运力调度的信息中心。其中,销售活动中的发货活动和发运计划可由配送中心代理。另外,统一的配送中心可把库存管理的部分功能代理给第三方物流(Third Party Logistics,TPL)系统管理,从而使企业更加集中精力于自己的核心业务。TPL起到供应商、盟主企业、销售商和顾客及外协厂商物流联系的桥梁作用,可以使虚拟企业获得诸多好处:①降低成本;②使企业集中精力于核心业务;③获得更多的市场信息;④获得一流的物流咨询;⑤改进运输服务质量;⑥快速进入国际市场。面向统一配送中心的 TPL 使供应与需求双方都取消了各自独立的库存,增加了供应链的敏捷性和协调性,并且大大改善了供应链的用户服务水平和运作效率。

（2）从资金流方面来看，可以按照虚拟企业的利益风险分配格局建立统一的电子支付平台来统筹资金安排，支持合作企业间的收付款业务和资金管理活动。其中销售活动中的资金管理也可以统一由电子支付平台代理。

（3）从信息流方面来看，可以建立基于 EDI 和 Internet/Intranet/Extranet 的信息技术支撑体系来提高价值链上信息的共享程度和加速信息的传递速度，支持虚拟企业的战略、战术和执行策略。

①在战略层应以顾客需求为中心，结合联合库存、原材料库存和外协库存，对机遇产品进行市场预测以指导生产计划的制订，智能决策支持系统（Intelligence Decision Support System，IDSS）是决策分析的利器。

②在战术层应以价值分析为指导制订出合理的产品价格和合同条款，编制出整体最优的生产计划为制造过程所用。该层需要集成 SCM（Supply Chain Management，供应链管理）、CAX（指以 CA 开头的平台，如 CAD、CAM、CAE、CAPP、CIM、CIMS、CAS、CAT、CAI 等）、PDM、ERP、MES（Manufacture Execution System，制造执行系统）、CRM、EC（E-Commerce，电子商务）、VCI 等一系列信息系统和计算机工具来支持。其中，SCM 对盟主企业和供应商、销售商、外协厂商间的关系进行管理；ERP 制订企业资源计划；CRM 管理产品的销售、市场、客户服务以及技术支持等信息；EC 为合作企业提供电子商务支持，VCI 为虚拟企业提供价值链分析；CAX 为设计、制造、质量管理等过程提供了计算机辅助工具；PDM 管理从设计到售后服务所有与产品有关的数据。因为前面我们假设不考虑设计过程，所以 CAX 和 PDM 的引入只是为了提高模型的通用性。

③在执行层主要是制造过程中，WfMS 对工作流进行管理和 MES 对产品制造执行过程进行管理。集成后的过程模型如图 3.9 所示。

4）过程自动化

计算机与信息技术的介入将极大地加速过程的运作并为顾客提供更高质量的服务。在完成了对过程的删除与简化、过程集成之后，对部分过程管理进行自动化非常有必要。过程自动化主要集中在数据采集、传输、分析的领域和一些脏、难、危险的任务。在完成了对过程的自动化以后，为了使过程结构更为优化，可以对自动化处理后的过程进行下一轮的过程删除、简化、集成。

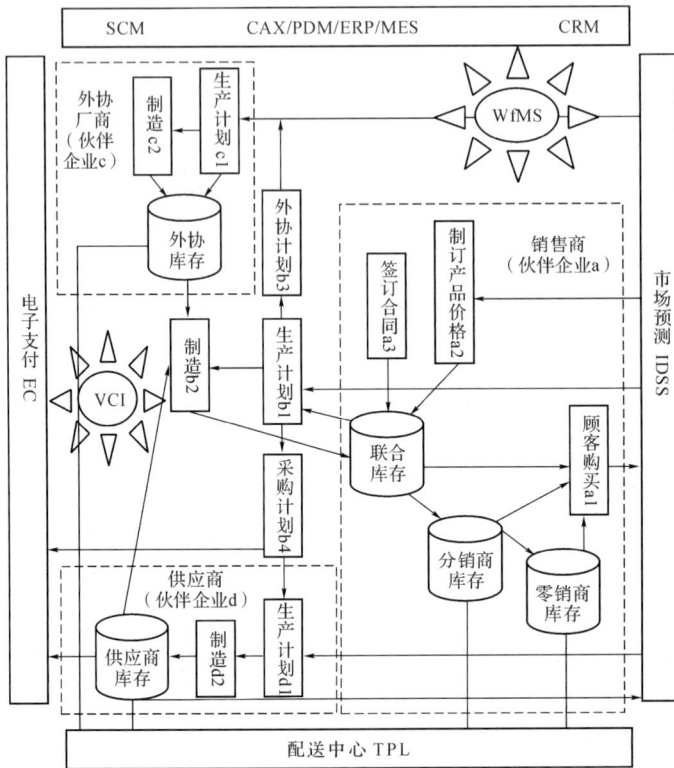

图 3.9 集成后的运营过程模型

3.6 过程仿真

虚拟企业实施是一项高风险性、高投入的活动,仿真分析是虚拟企业过程集成中非常关键的一步。过程的价值分析理论为仿真提供了理论基础,而仿真又为价值分析提供了有效的支持,并在一定程度上检验了过程集成的正确性和有效性。

通过过程仿真可以发现影响产品增值的主要过程和预测所采取措施的有效性。我们将虚拟企业的主要运营过程抽象为表 3.7 所示的可变增益函数的组合。通过过程优化可以改变影响可变增益函数增益的要素,从而调整各过程对价值的影响程度,甚至使过程对价值没有影响,即表示过程已被删除。然后,通过一组可变增益函数的组合建立起某供应链式虚拟企业的仿真模型,对其价值链进行仿真。该虚拟企业以生产空气分离成套设备企业 E0 为盟主企业,其他厂家为伙伴企业。

表 3.7 各级价值链模型函数

变量及函数	说明	E0	E1	E2	E3	E4
$r(s)$	输入	Square (5,0.5)	Square (0.005,0.5)	Square (0.2,0.5)	Square (5,0.5)	Square (5,0.5)
$y(s)$	输出	Scope11	Scope21	Scope31	Scope41	Scope51
$k(s)$	干扰	Random (0.1,0.5)	Random (0.1,0.5)	Random (0.1,0.5)	Random (0.2,0.5)	Random (0.1,0.5)
$G1$	预测传递函数	Slider Gain 11(1.2)	Slider Gain 11(1.2)	Slider Gain 11(1.2)	Slider Gain 11(1.1)	Slider Gain 11(1.15)
$G2$	采购传递函数	Slider Gain 11(1.2)	Slider Gain 11(1.4)	Slider Gain 11(1.1)	Slider Gain 11(1.18)	Slider Gain 11(1.25)
$G3$	生产传递函数	Slider Gain 11(0.96)	Slider Gain 11(0.95)	Slider Gain 11(0.98)	Slider Gain 11(0.99)	Slider Gain 11(0.92)
$G4$	销售传递函数	Slider Gain 11(1.2)	Slider Gain 11(1.2)	Slider Gain 11(1.2)	Slider Gain 11(1.16)	Slider Gain 11(0.96)
$H1$	废品反馈函数	Slider Gain 11(0.04)	Slider Gain 11(0.05)	Slider Gain 11(0.02)	Slider Gain 11(0.01)	Slider Gain 11(0.08)
$H2$	订单取消函数	Slider Gain 11(0.01)	Slider Gain 11(0.02)	Slider Gain 11(0.03)	Slider Gain 11(0.05)	Slider Gain 11(0.04)
$H3$	市场反馈函数	Slider Gain 11(0.5)	Slider Gain 11(0.09)	Slider Gain 11(0.09)	Slider Gain 11(0.5)	Slider Gain 11(0.6)
$T1$	外协外购函数	Slider Gain 11(0.2)	Slider Gain 11(0.2)	Slider Gain 11(0.3)	Slider Gain 11(0.25)	
$T2$	购协返回函数	Slider Gain 11(0.9)	Slider Gain 11(0.2)	Slider Gain 11(0.2)	Slider Gain 11(0.2)	

注：Square(a,b)为方波函数，a 为振幅，b 为频率，频率单位为 Hz；Scope 为示波器；Random(a,b)为随机函数，a 为振幅，b 为频率，频率单位为 Hz；Slider Gain11(a)为可变增益函数，a 为增益。

顶层价值链表示中小批量加工装配型盟主企业 E0 的离散生产模型。其属于订货生产类型,主要产品是大、中、小型空气分离成套设备,按顾客需求定制个性化成套复杂产品(可能由十几个大部机、几十个部件、两万多种零件构成),部分产品和部件需进行外协,如部机、毛坯等。

第一层价值链表示 E0 企业的外协厂商伙伴企业 E1,它是加工装配型的离散生产模型。其属于订货生产类型,产品为透平机等大型部机,附件和有关备品备件采用外购方式,如外配电控、仪控和阀门等。

第二层价值链表示 E1 企业的外购厂商伙伴企业 E2,它是加工装配型的离散生产模型。其属于订货和备货生产混合的类型,产品为阀门(或配电柜)等,部分零件和全部标准件采用外购方式,如螺钉、螺母(或继电器、电容、电阻)等。

第三层价值链表示 E2 企业的外购厂商伙伴企业 E3,它是加工型的连续生产模型。其属于备货生产类型,产品为各种标准件,如螺钉、螺母等,有关原材料如钢材采用外购方式。

第四层价值链表示 E3 企业的外购厂商伙伴企业 E4,它是流程型的连续生产模型。其属于备货生产类型,产品为各种原材料,如钢坯、钢材等。

从价值链的角度出发,图 3.10 中将订货型和备货型生产企业统一抽象为由如下要素组成的模型。设产品的单价为 p。

$r(s)$:输入,反映市场对产品的需求情况。$pr(s)$ 是市场需求的价值表现。

$y(s)$:输出,反映企业生产满足市场需求的情况。$py(s)$ 是企业的销售收入。

$k(s)$:干扰,如库存报废、损坏和丢失等意外情况。$pk(s)$ 是企业的价值损失。

$G1$:预测传递函数。对最终产品制造企业而言,$G1$ 反映企业对市场走势的预测,即式(3.19)中最终产品产量 Q 的函数。对原材料或零部件配套供应企业而言,$G1$ 表现为对原材料或零部件配套供应裕量的预测,即式(3.19)中的原材料或零部件配套供应裕量 u 的函数。通过对式(3.19)进行扩展可计算 $G1$ 中的增益 a。

$G2$:采购传递函数,反映价值链中企业的采购能力。它可以通过合理的伙伴选择来形成一个可靠、敏捷的供应网络。通过 ABC(Activity Based Costing)成本法可以计算出采购成本:

$$S_i^B = (p_i - p_{\min})q + \sum C_j^B D_{ij}^B \tag{3.21}$$

式中,S_i^B 为第 i 个合作伙伴的成本值;p_i 为第 i 个合作伙伴的单位供应价格;$p_{\min}$ 为合作伙伴中单位销售价格的最小值;q 为采购量;C_j^B 为因企业采购相

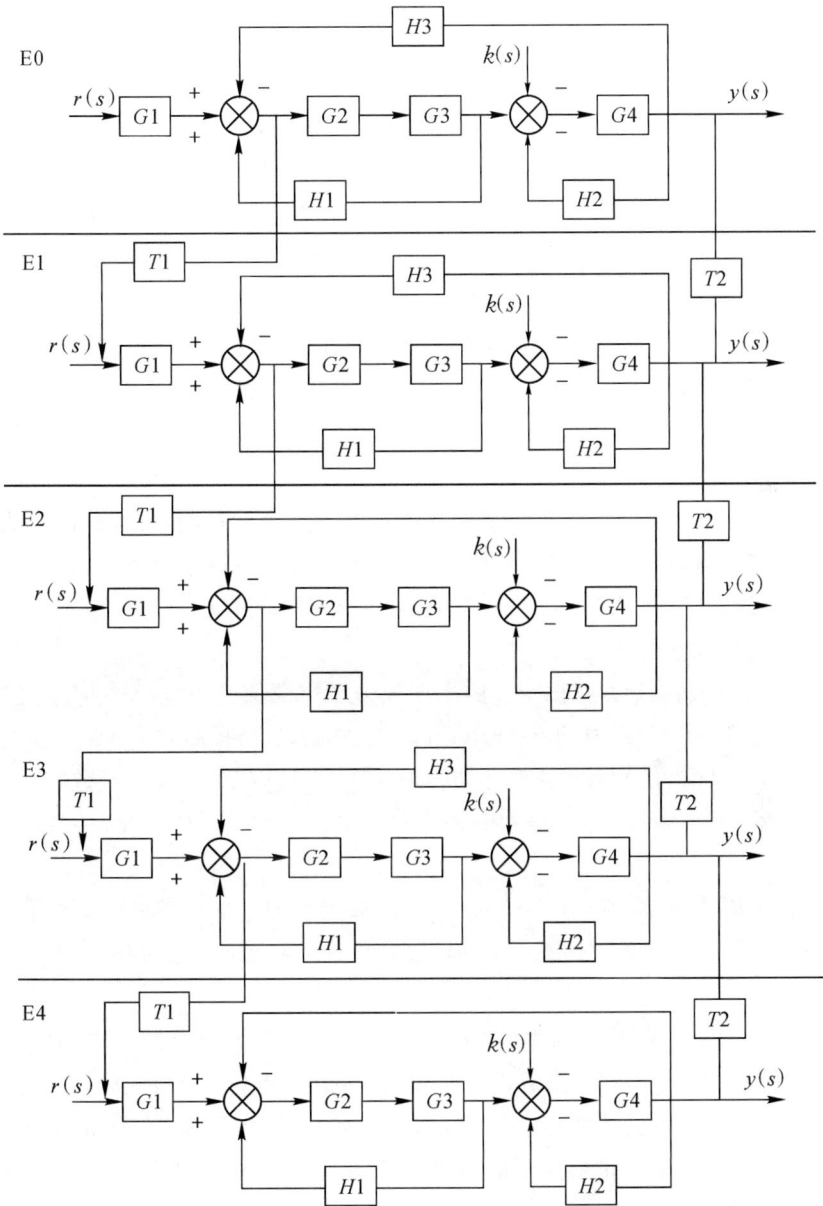

图 3.10　过程仿真模型

关活动导致的成本因子 j 的单位成本；D_{ij}^{B} 为因合作伙伴 i 导致的在采购企业内部的成本因子 j 的单位成本。

$G3$：生产传递函数。反映价值链中企业将原材料或配套零部件转变为满足市场需求的产品和服务的关系。它可以通过 PDM、ERP、JIT 等系统来实现。其生产成本的计算可参考式(3.17)。

$G4$:销售传递函数。反映价值链中市场需求的满足情况。它可以通过合理的伙伴选择来形成一个低成本的、敏捷的分销网络,价值最终在本环节得以实现。通过 ABC 成本法可以计算出销售成本,与采购成本类似。

$H1$:废品反馈函数。反映生产过程中出现的废品和不合格品的返工和返修情况。它增加了系统的负荷和产品的成本。一般采用基于生产成本的概率分布函数。

$H2$:订单取消函数。它反映销售过程中出现意外使价值得不到实现,这样不仅浪费资源,而且占用了库存资金。因此,应扩大销售能力,在以销定产的基础上,提高市场预测精度才能获得最大利润和降低风险。一般采用阶跃函数计算价值损失。

$H3$:市场反馈函数。根据市场销售形势对生产进行控制,含有预测的成分。它以市场需求为导向拉动生产计划的执行,并可调整参数对生产系统进行自适应控制,保持稳定的生产节拍。这里采用 $y(s)$ 的比例函数来计算市场需求变化所引起的产品成本的变化。

$T1$:外协外购函数。根据企业的生产能力和资源情况,对过剩生产任务或非核心能力项目进行外委、外协和外购,以降低成本和风险,提高质量和缩短交货期。一般采用 MRP-II 方法和人工决策相结合来计算,即式(3.19)中 a 的函数。

$T2$:购协返回函数。表示外协和外购单位最后完成合同的情况。一般用比例函数。

根据不同的企业生产方式和生产特点,选用不同的输出、输入函数,传递函数,反馈函数和干扰函数来表达过程模型,如表 3.7 所示。通过仿真模拟,得出以下结论:

(1)当企业 E0 有需求调整(脉冲函数)时,其下各级企业的需求随之变化。根据各级不同的预测函数,需求被不断放大,在价值链上不断放大的需求会导致各级库存增加,增加了不增值的因素,即牛鞭效应增加了价值链上的不增值成本。其中 $G1$ 是产生不增值成本的根源,采取适当的措施控制 $G1$ 的准确性是消除牛鞭效应的根本方法。

例如,如图 3.11 所示,在引入市场反馈函数 $H3$ 之前,对盟主企业 E0 来说,如果其输入增加 20%,即振幅变化为 $6-5=1$,其成本输出变化为 $11-9=2$,成本放大到 200%;对伙伴企业 E1 来说,其振幅变化为 0.10,其输出变化为 $2.25-1.95=0.30$,成本放大到 300%。

措施:①根据产量联合决策理论决定最终产品计划生产量和原材料或配套零部件供应裕量。

②如果实现了价值链上的信息共享,各级子链都以顶层链的需求变动为依据建立预测模型,这将有助于消除牛鞭效应。

③采用联合库存或 VMI(Vendor Managed Inventory,供应商管理库存)方法管理供应链上的库存。VMI 是一种销售商和供应商之间的合作性策略,以对双方来说都是最低的成本来优化产品的可获得性,在一个相互同意的目标框架下由供应商管理库存,这样的目标框架被经常性地监督和修正,以产生一种连续改进的环境。VMI 突破传统条块分割的库存管理模式,以系统化、集成化思想管理库存,使供应链系统能够获得同步化运作,有助于消除牛鞭效应。

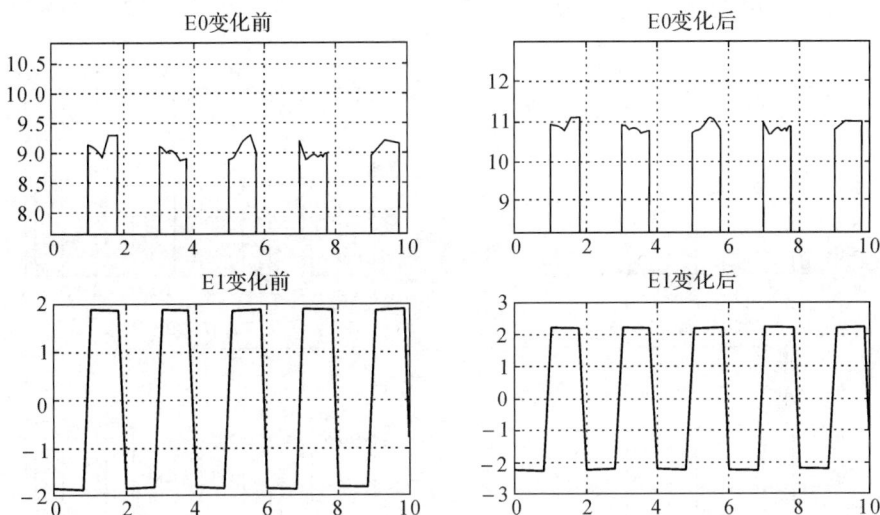

图 3.11   牛鞭效应导致成本增加

④建立 VCI 平台,使价值链上信息集成,不断对价值链的性能进行监控。

(2)在引入市场反馈函数 $H3$ 之前,计划具有一定的盲目性,造成成本过高;引入后,通过调节反馈增益参数,可以根据市场趋势拉动生产计划,使计划与市场结合紧密,更加符合市场趋势,降低了成本并使工作节拍更加稳定,实现了市场即时驱动和计划的自适应控制。

例如:如图 3.12 所示,输入的振幅为 5 时,在引入市场反馈函数 $H3$ 之前,对盟主企业 E0 来说,其输出为 9;引入 $H3$ 之后,其输出为 5.2。输入的振幅为 6 时,在引入市场反馈函数 $H3$ 之前,对盟主企业 E0 来说,其输出为 11;引入 $H3$ 之后,其输出为 6.2。即输入变化为 $6-5=1$ 时,有市场反馈函数 $H3$ 时输出变化也为1,符合市场需求;而无市场反馈函数 $H3$ 时,输出变化为2,大大偏离市场需求,造成供过于求的局面。

措施:①建立 VCI 平台,对市场变化进行监控,以减少损失和发现新的机会。

②建立 VCI 平台,根据市场反馈对生产进行调度协作和异常处理。

(3)因为 E3、E4 为备货型生产企业,其生产批量很大,因此虽然 E1 需求有所变动,但对 E3、E4 成本造成的影响并不显著。造成影响较大的是与 E0 紧密集成的 E1 和 E2。

由以上分析可知,建立 VCI 平台以实现价值链上的信息共享和快速传递是合作伙伴之间协作的必要手段,也是价值链实现整体最优的必备条件。下节将对 VCI 平台的设计进行深入研究。

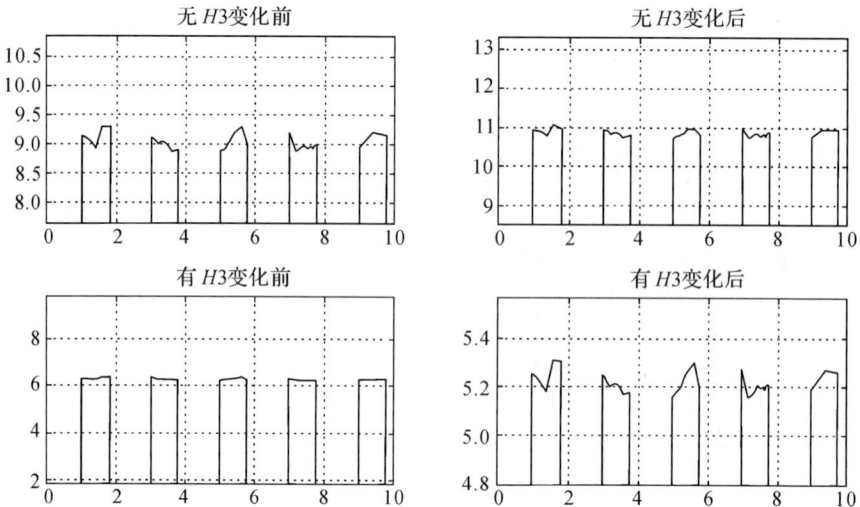

图 3.12 市场反馈函数作用

3.7　价值链集成平台

以上讨论的理论和方法必须有一个价值链集成平台支持才能实现。由于虚拟企业的动态性、分布异构性等特点,价值链集成平台设计的开放性、可扩展性显得尤为重要。下面从软件设计的角度来分析 VCI 平台的结构和功能。该平台的软件需求分析见附录Ⅲ。

3.7.1　价值链集成平台的总体设计

合作企业信息基础的技术兼容和互操作是 VCI 的关键,为了使整个 VCI 可以实时共享价值链数据,本书采用美国的国家工业信息基础结构协议(National Industrial Information Infrastructure Protocol,NIIIP)。NIIIP 采用已有的工业标准,其初始目的是作为实现敏捷制造的一种使能技术,主要由四个部分组成(见图 3.13)。NIIIP 由 Internt/Intrant/Extrant(HTTP,TCP/IP)实现通信连接;由 OMG 的 CORBA 实现应用之间的互操作;以 ISO-STEP 标准实现信息共享和交换;以工作流管理方式进行过程和活动管理。虚拟企业 VCI 平台的软件体系结构如图 3.14 所示,这里采用面向对象的过程分析与基于组件的实现相结合的方法,充分利用已有资源,保证了跨平台互操作和 VCI 的可重用、可重构、可扩充性能。

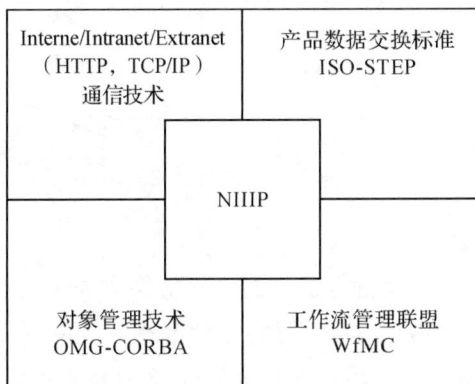

图 3.13　NIIIP 的主要组成

3.7.2　价值链集成平台的主要模块

针对虚拟企业 VCI 的功能需求,其 VCI 集成平台(见图 3.15)应具有以下基本模块。

1)VCI 集成平台

提供一定的权限控制和向导功能,启动建模平台、网管平台、VC 引擎、监控平台、性能评价等模块,并根据权限在各模块之间方便地跳转。提供对外部信息系统的接口、版本说明和在线帮助等。

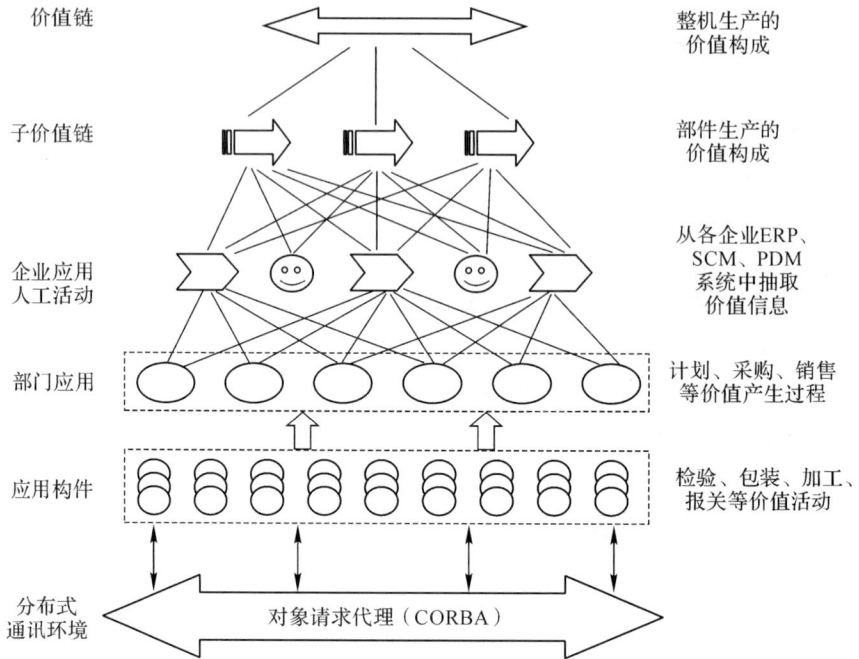

图 3.14　VCl 软件体系结构

2）建模平台

建模平台根据虚拟企业指定适当的价值链层商务规则和整体价值目标,利用图形化的过程设计器构建 VCI 模型,支持分布式团队的协作,并将完成的工作发布给 WfMS,提供 UML 语言的转换接口,具有版本控制机制和安全机制。

3）网管平台

网管平台主要利用第三方工具进行二次开发,对网络的安全、流量和路由进行控制,保证网络的畅通,防止来自外部和内部的破坏。

4）VC 引擎

VC 引擎实施价值链,在当时资源约束下对价值链进行模拟仿真,在活动管理器中对满足执行条件的价值链进行注册,然后工作引擎就会对该价值链进行初始化工作并准备实施。一旦价值链被 VC 引擎实施,调用工作流管理系统则作为人机界面去操纵存在于价值链中的活动并与之交互,如激活并通知合作伙伴他们必须执行的活动。

5）监控平台

监控平台主要完成对 VCI 上重要数据的采集和转换过程,实时监控价值链

图 3.15　VCI 集成平台

的执行情况,为管理人员提供简明直观的图形化监控工具和方便的价值链状态查询工具。对重大意外情况采取紧急处理措施并告警。

6)性能评价

性能评价则考核价值链上各层次主体的性能和功能指标,为价值链结构的优化、合作伙伴的优选、虚拟企业利润的分配、过程的集成策略、销售网络的合理分布等活动提供决策。它为确定价值链中的瓶颈和异常分析提供重要的依据。

3.8　小　结

(1)将价值链理论和 BPR 理论应用于虚拟企业,提出了 VCI 过程集成方法。

(2)基于模糊理论,给出了价值分析方法和优化方案的评估方法。

(3)提出了虚拟企业价值链框架和数学模型。

(4)对供应链式虚拟企业决策价值链中的产量联合优化决策问题进行了讨论。

(5)给出了供应链式虚拟企业过程优化的方法和有关策略。

(6)对供应链式虚拟企业中的牛鞭效应进行了仿真分析,给出了改进的建议。

(7)对价值链集成平台进行了需求分析、总体设计,并对主要模块进行了说明。

4

虚拟企业运营过程的管理与协调

4.1 引 言

虚拟企业的模型设计和过程集成对虚拟企业的过程进行了设计和优化,它们为虚拟企业运营提供了必要的过程、组织、资源和信息模型以及价值目标等,这些模型的正确性和有效性只有在过程的实施阶段才能得到验证。虚拟企业的过程实施实际上就是其过程的运营,市场的不确定性和虚拟企业运营过程的复杂性使得运营过程的管理与协调显得非常重要。它可以修正过程集成方案,消解过程运营中的冲突,从而保证过程集成的实现。

虚拟企业各成员有着各自的业务,虚拟企业的任务只是其业务的一部分。因此,从动态联盟的性质、组织等角度分析,虚拟企业均适合采用项目管理的方法进行控制。项目管理具有以下特点:①面向目标。目标是抓住机遇,也是项目完成所达到的最终状态。②有时间性。因为虚拟企业是有生命周期的,所以项目是有时效性的,它始于虚拟企业运营,终于虚拟企业解散。③项目由项目代理完成。项目代理分为项目计划代理与项目执行代理。项目计划代理负责任务的分解和规划控制,项目执行代理执行具体的任务。

一般来讲,项目的生命周期分为概念、计划、执行和完成四个阶段。根据各阶段需完成的任务和项目管理过程模型(图 2.8 中的 A10),本章将项目管理分为项目定义、项目任务分解和计划、工作流模型、项目任务的执行和调度、项目规划的优化五个部分进行阐述,项目规划和进度控制贯穿整个项目管理过程。项目评估与项目具体指标有关,这里不做论述。

4.2   项目定义

项目定义阶段的任务主要是根据机遇产品的性质将项目分解为相对独立的子项目,建立各项目的目标,修正过程模型中各合作企业所需投入的资源和组织。下面给出项目及其相关概念的定义并结合某空气分离成套设备生产厂家的生产过程进行说明。

【定义 4-1】   项目 PRO=(GOA,{PTAS},{PREL},PMAN,EID)。

其中,GOA:项目目标,它是定义 4-2 的子集。

PTAS:项目分解所形成的任务集,如金工车间加工 KF110-1 结合部、总装车间完成 KF110 型空气分离成套设备的装配和调试等。

PREL:任务集之间的约束关系集,如 KF110-1 结合部的加工必须在 KF110-1 结合部毛坯入库之后进行,KF110 型空气分离成套设备的装配必须在 KF110-1 结合部入库之后进行等。

PMAN:负责项目的人员。

EID:负责项目的合作企业。

【定义 4-2】   项目目标 GOA=(GDES,GDEF,{GRES},{GREL})。

其中,GDES:项目目标的定性描述,如主生产计划 J110(生产大型空气分离成套设备 KF110)。

GDEF:项目目标的定量描述,包括项目的外部输入和向外部输出的产品或服务,如输入销售订单 A110 和资金 400 万元,输出 KF110 型空气分离成套设备 5 台。

GRES:完成项目所需要的资源指标,如制造 KF110 型空气分离成套设备需要购置 200 万元的原材料,同步技术革新费用 50 万元等。

GREL:项目的时间和资源约束集,如项目的开始时间、结束时间和资金配置等。项目所需资源指标的矛盾关系常常使项目管理成为一个多目标求优问题。

【定义 4-3】   项目管理 PM=(PRO,OPR)。

其中,PRO:项目对象(项目或任务),它唯一地标识一个项目。

OPR:项目的操纵动作集,如准备、启动、终止、取消等。

【定义 4-4】   任务 TAK=(SDES,SDEF,STIME,ETIME,ATTR,SRES,SREL,FDES)。

其中,SDES:任务名,如生产指令 Z110-1(生产空分设备 KF110 结合部 KF110-1)。

SDEF:任务的定量描述,包括任务的输入输出和量化指标,如:

输入:领用结合部 KF110-1 毛坯 5 件,M16 的双头螺柱 40 支,M8 的螺钉、螺母各 100 只,垫圈若干等。

输出:向半产品库提供生产好的 KF110-1 结合部 5 套。

量化指标:KF110-1 结合部单件成本控制在 20000 元以下。

STIME、ETIME:任务的计划开工时间和完工时间。

ATTR:任务的属性,如自制、外协、外购等。

SRES:完成该任务所需要的资源,如设备是加工中心,工具是专用铣刀、车刀、钻头等,工时是车、铣、钻等。

SREL:任务之间的约束关系,如只有当 KF110-1 结合部毛坯和各类资源得到满足后,才能下达生产指令 Z110-1。通过缺件检查可判断约束是否满足。

FDES:该任务所属的父任务。

【定义 4-5】 资源 RES=(HUM,FIN,MAT,TEC,TIM,SPA,EID)。

其中,HUM:人力资源,包括任务的执行者,即项目执行代理,如设计员、质检员和工人等。

FIN:财力资源,即在指定时间段内需占用的资金,如项目占用的库存资金。

MAT:物力资源,包括生产所需的原材料、毛坯和设备等。

TEC:技术资源,包括专利、知识等。

TIM:完成任务所需的能力工时。

SPA:完成任务所占用的场地和位置,如厂房、装配场地等。

EID:该资源所属的合作企业。

【定义 4-6】 资源约束 COS=(TAK,RES,USE,VAL)。

其中,TAK:项目分解后的任务,如结合部 KF110-1 的自制、原材料的外购、特殊工艺的外协等。

RES:项目所需的内外部资源,如虚拟企业内的刀具、工具、夹具、量具、加工设备、能力工时、资金等。

USE:该资源对 TAK 是否可用,如伙伴企业 A 的加工中心 B 对伙伴企业 C 的外协任务 D 是否可用。

VAL:该 TAK 占用该资源的数量,如任务 D 在项目开始第五周要占用加工中心 B 30 个工时,如果该加工中心每周有 40 个工时,则第五周其他任务只有 10 个工时可用了,这反映了虚拟企业内部对资源的竞争情况。

4.3   项目任务分解和计划

4.3.1   项目任务的分解

根据任务分解的特点和虚拟企业的实际需求,这里提出一种自顶而下与自下而上方式相结合的项目任务分解法。

(1)参考功能、资源、过程、组织等视图,根据整个项目的性质将项目分解成相对独立的子项目,对每个子项目组织指定 ET_Administrator 人选。

(2)由 ET_Administrator 根据各伙伴企业的核心能力和子项目的性质,进一步分解子项目到各伙伴企业,各伙伴企业可根据所承担的子项目组织 IT,指定 IT_Administrator 人选。

(3)IT_Administrator 根据承担的项目,在企业项目参考库中寻找相同或相似的项目分解方案,查看目前资源状况,确定资源约束条件,修改参考方案,修改后的参考方案用于进一步的项目分解并指定各级项目计划代理;如无可参考方案,可建立新方案并存入项目参考库中,丰富项目参考库的内容。项目参考库应具有自组织能力。

(4)各级项目计划代理采用类似的方法,根据过程模型采用自顶而下的分解方法,逐层细化,结合实际情况决定分解的粒度,直到分解为原子项目为止。在企业项目参考库中选择相同或相似的原子项目;如无合适的原子项目,可新建后存入项目参考库中,原子项目分解的粒度对应于企业的 BOU 的大小。

(5)BOU 根据原子项目组织项目执行代理并进行任务分配。

(6)对分解后的任务进行合法性检验,利用强分支搜索算法消除闭环,避免过程执行中可能出现的"冲突"现象。

(7)对检验过的任务集进行汇总,根据适当的规则进行合并(允许人工干预),确定任务的优先级。

(8)对任务集进行能力平衡,能力不足时适当调整制协关系或扩充能力。

(9)对分解后出现的矛盾和冲突,通过自下而上的方法逐层反馈,改变约束或移交其他项目执行代理;若采用净改变法则尽量在较低层次的局部范围内解决。

基于企业自律的原则,项目参考库一般由伙伴企业自己建立。在尚无经验的情况下,也可以由盟主和合作伙伴基于知识共享的原则共同建立,然后由各企业通过 Internet 直接从项目参考库中读取并重用,或修改后用于各级子项目。为了保证语义的一致性,项目参考库还应保存基本术语,而且应将不常用的参考方案移入后备库以提高搜索的效率。项目参考库的作用如图 4.1 所示。

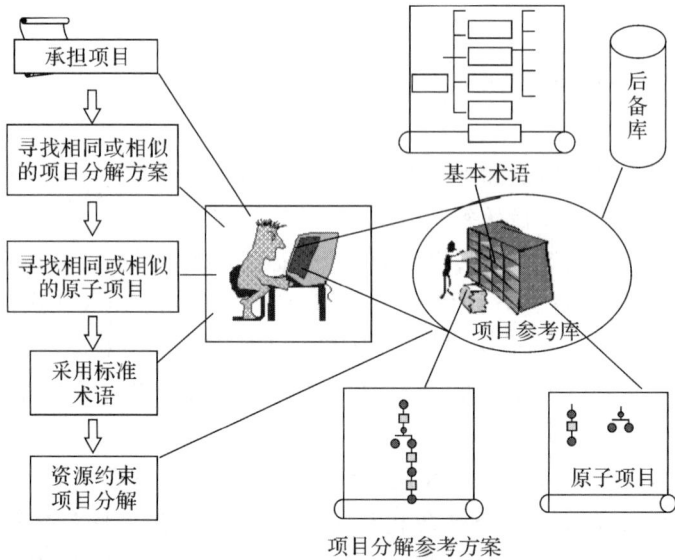

图 4.1　项目参考库在项目分解中的作用

　　虚拟企业项目管理涉及各合作企业内大量的资源,信息的综合和沟通量相当大,这就要求有一种各企业从项目一开始到最后完成都能用来沟通信息的工具。VEMM 提供了合作企业间信息沟通的共同基础。因为项目分解是建立在虚拟企业模型基础上的,分解后的要素可参考其在虚拟企业模型中的标识符来编制统一的项目字典,保证项目中的全部概念对所有参与者都具有相同的意义。各应用系统可能不是采用相同的编码,如会计系统和工作流系统,但项目字典的应用使它们有了同一基准,工作流监控工具可将各子系统的处理结果映射到统一编码上。不同企业的项目管理员、会计师、工程师都可以参照同样意义的信息,对项目的成本和进度做出统一、恰当的解释、分析和预测,减少或消除分析中的差异。项目字典作为基本术语存放在项目参考库中。另外,UML 可作为项目工作组间统一的信息交换语言。

　　虚拟企业项目分解如图 4.2 所示,其中的 Project、Subproject、P、Pe 表示虚拟企业不同抽象层次上的项目。Project 为虚拟企业级的项目定义,它是虚拟企业建立的基础和联系各合作伙伴企业的纽带。Subproject 是虚拟企业内各合作企业所承担的子项目,它由 Project 分解后分派给各企业;Subproject 一般是各合作企业所擅长的项目,它体现了合作企业优势互补、资源外配的特点,也是虚拟企业伙伴选择的依据。P 是合作企业内部项目分解后的不同层次、不同粒度的项目。Pe 为分解后的最小过程单位,即原子项目,每个 P 由多个 Pe 复合而成;Pe 是个本身不能再分的任务集合,它可以由项目执行代理(包括人和机器、软件)完成。表 4.1 是一个供应链式虚拟企业进行项目分解的例子,其任务可以继续分解,直到原子项目为止。

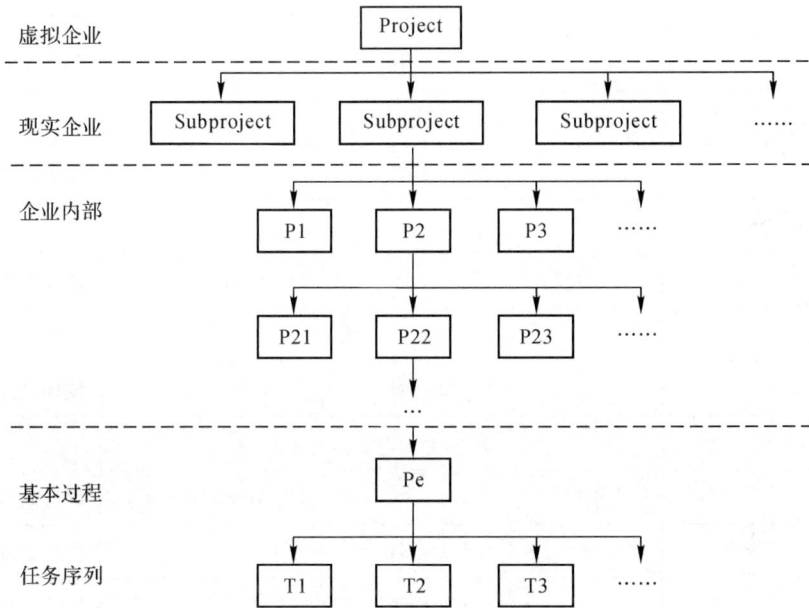

图 4.2 虚拟企业项目分解

这里的项目分解同价值分析中的活动分解是有区别的,后者仅抽取部分目标过程进行分析,目的是发现目标过程中主要的增值活动并消除不增值活动;前者则将项目所属的所有过程详细地分解为独立的可衡量的活动,并以面向执行的项目的方式组织起来。项目分解的粒度越细,制订计划就越容易,而且分解后的活动同样可用于价值分析、辅助项目计划和控制决策。

表 4.1 虚拟企业项目分解例子

项目	一级子项目	二级子项目	管理者	合作企业
1.生产 6M 大立车			ET_Administrator1	盟主企业
	1.1 设计		IT_Administrator1	盟主企业

续表

项目	一级子项目	二级子项目	管理者	合作企业
		1.1.1 机械部分		盟主企业
		1.1.2 液压部分		伙伴企业 11
		1.1.3 电气部分		伙伴企业 12
	1.2 制造		IT_Administrator2	盟主企业
		1.2.1 立柱		伙伴企业 21
		1.2.2 横梁		盟主企业
		1.2.3 丝杠		盟主企业
		⋮		
	1.3 供应		IT_Administrator3	伙伴企业 3
		1.3.1 数控系统		伙伴企业 31
		1.3.2 特种电机		伙伴企业 32
		⋮		
	1.4 销售		IT_Administrator4	伙伴企业 4
		1.4.1 广告		伙伴企业 41
		1.4.2 推销		伙伴企业 42
		1.4.3 服务		盟主企业
		⋮		

注:合作企业指所有虚拟企业的成员,包括盟主企业和伙伴企业。

4.3.2 项目进度计划

4.3.2.1 项目进度的控制方法

在实际生产中,一个生产过程往往涉及多个部门、人员,甚至企业。显然,单纯集中式控制方式不仅难度大,而且不利于各个过程的灵活配置。一般来说,分布式控制的过程管理更符合实际情况。例如,在实际的工作环境中,由于存在网络瓶颈和快速响应的需要,分布在各地的 IT_Administrator 需要进行快速决策来协调和控制企业内部运营过程,而这些协调和控制可能只是局部的且与其他 ET、IT 无关,这就产生了分布式控制的需求。同时,ET_Administrator 又要求能够控制整个项目进度,它分配子项目给 IT 并通过 Internet/Extranet 协调分布在各地的 IT,监控子项目的进度。从这方面讲,系统又要具有全局知识,以便能够在总体上对项目进行控制。基于上述要求,本书采用了过程框架与工作流相结合的方法:各挂接在 WfMS 上的过程单元(Process Unit,PU)构成了过程框架,过程框架处理系统保存执行某一任务所必需的全局数据和规则,并记载该任务执行记录;同时,它通过改变自身状态来影响任务的继续执行。工作项(Workflow Item,WIT)在过程框架中运行时与过程框架互相作用,每经过一个过程单元便改变自身内容和状态,模型的计算中心随着 WIT 的移动而移动。

该模型具有两种特性:基于网络环境的过程框架具有全局知识,这是集中控制特性;当 WIT 在某一过程单元中进行处理时,其与其他过程单元无关,这是分布控制特性。该模型能够综合过程间的相似特性,并将它们纳入统一的过程框架中,从而简化了任务的流程配置,同时又保留了不同过程单元的特点,使之符合实际情况。

某加工轴类零件任务的过程框架如图 4.3 所示。为了方便说明问题,其中工艺已被简化,根据工艺文件选择了过程单元:采购原材料、铸造、下料、车、铣组成了基于网络环境的过程框架,工艺文件中的有关知识和规则存储在过程框架内。加工轴下达任务后,任务首先经过采购原材料过程单元获得原材料,然后根据原材料的性质和过程单元的内置参数(砂腔尺寸、浇注温度、拔模斜度、切口宽度等),经过铸造或下料(切断)获得毛坯。毛坯经过车削单元,根据车单元的内置参数(车削精度、车削长度、车削直径等)和加工要求(公差等级、同轴度等)加工出半成品。半成品进入铣单元,根据其内置参数(铣削精度、铣削长度、铣削宽度等)和加工要求(公差等级、垂直度等)铣削后变为成品,任务结束。过程单元的内置条件表达了资源约束,从原材料到成品表达了工作项状态的变化,工作项的加工要求与过程单元的内置条件相结合制订出具体的加工方法,反映了系统的分布式计算特性。同时,工作项的加工也改变了过程框架的状态,而过程框架状态的变化又决定了工作项在过程框架中的走向,反映了系统的集中式计算特性。

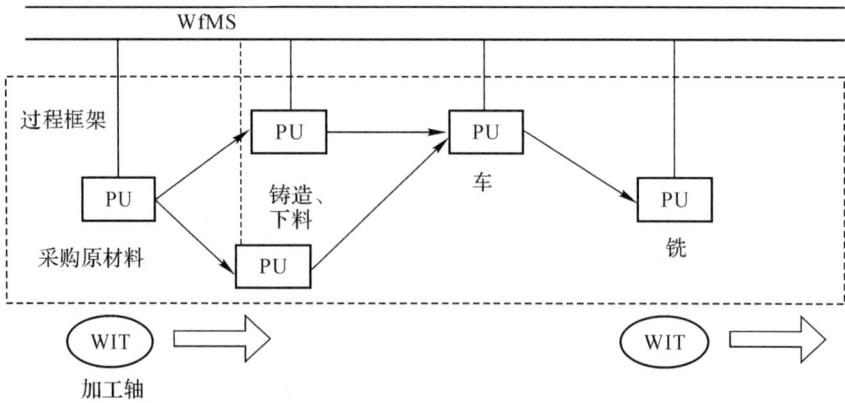

图 4.3 某加工轴类零件任务的过程框架

根据以上阐述,我们给出各概念的准确定义。

【定义 4-7】 对于任何生产过程 Pe,设任务 T 为 Pe 的原子单位,则 Pe 为任务集 Tset,Tset$=\{T_i, i \in \mathbf{N}\}$。

【定义 4-8】 过程单元 PU$=$(Process,Agents,RD,RL,Ω),

其中,Process:过程单元标识。

Agents:执行该过程的项目计划代理或项目执行代理。

RD:过程单元的相关数据。

RL:过程单元的相关规则。

Ω:过程单元上的操作集合。

【定义 4-9】 过程相关数据 RD$=$(InData,OutData,DL)。

其中,InData:过程的输入数据。

OutData:过程的输出数据。

DL:过程的私有数据。

它们的过程数据相关性是指先执行者的输出数据与后执行者的输入数据的映射关系。

【定义 4-10】 过程相关规则 RL$=$(InRule,OutRule,PL)。

其中,InRule:过程的输入数据的合法性和有效性规则。

OutRule:过程的输出数据的合法性和有效性规则。

PL:过程的私有运行数据的合法性和有效性规则。

它们的过程规则相关性是指先执行者与后执行者之间规则的约束关系。

【定义 4-11】 工作项 WIT $=(T_i, D, R, F, T_r, \text{Eng})$。

其中，T_i：任务。

Eng：工作流引擎。

F：WIT 所在的过程框架。

D：由 T_i 中的 SDEF 和 SRES 映射而成的工作流语言格式表达的数据集合。

R：规则集，它用来表示与本任务相关的特定规则，包括时间约束（最早开始时间、最迟结束时间……），是由 T_i 中的 STIME、ETIME、ATTR、SREL、FDES 映射而成的工作流语言格式表达的规则集合。

T_r：触发器集，用来触发一些事件。触发器与规则的不同之处在于前者可以引发与己无关的事件，而后者只是满足条件后本身执行而已。

【定义 4-12】 过程框架 $F=(\{\text{PU}\}, \text{RF}, \text{DF})$。

其中，F：具有全局知识，联络各个 PU 并负责 WIT 任务流程的数据、规则集合。

$\{\text{PU}\}$：与本过程框架有关的过程单元的集合。

RF：框架规则集。

DF：框架数据集。

这里的 RF、DF 与 WIT 密切相关，可以看作是 WIT 的一部分，因此 WIT 的元组描述可更新为 WIT：$\text{WIT}(T_i, \text{DF}, \text{RF}, T_r, \text{Eng})$

合理的项目进度计划是项目管理的重要内容。在一定程度上可以把过程框架看作任务的进度计划。项目进度计划的实质是在完成所有任务过程框架设计的基础上抽取关键日期、关键路线等要素对项目进度进行统筹安排。常用的制订进度计划的方法有：①关键日期表；②甘特图；③关键路线法（Critical Path Method，CPM）；④计划评审技术（Program Evaluation and Review Technique，PERT）；⑤图示评审技术（Graphical Evaluation and Review Technique，GERT）；⑥风险评审技术（Venture Evaluation and Review Technique，VERT）。各种方法所需的时间和费用是不同的。考虑到虚拟企业的复杂性，建议根据任务本身的性质和重要程度，在不同层次采用不同的项目进度计划方法。比如，在 ET 层次，考虑到各伙伴企业的自治性，采用关键日期表即能满足需求。在 IT 层次，对相对简单的任务（伙伴企业内的原材料的供应等），甘特图也能满足需求；对于复杂的任务（涉及多企业协作的大型设备的设计和生产）需采用 CPM 或 PERT 方法进行任务网络分析，计算网络中各项时间参数，确定关键活动与关键路线，利用时差不断调整和优化网络，以求得最短周期，然后将成本和资源考虑进去，求得综合优化的项目进度计划方案。不同计划的集成可以通过 WfMS 管理监控工具抽取公共接口数据来进行。

4.3.2.2 项目进度计划方法

前面讨论了项目进度的控制方法和通常的项目进度计划方法,但并未给出具体算法。在吸收通常的项目进度计划方法的优点的前提下,本文基于 JIT 的思想,提出一种提前/拖期项目进度计划的方法。该方法不同于以往以产量最大或成本最低为目标的计划思想,它反映了以交货期为中心的现代生产理念。

由于市场需求与企业制造能力往往不平衡,虚拟企业解决供需缺口的办法不外乎提前生产和拖期交货。提前生产要占用流动资金,增加存储费用,从而带来产品成本的提高;而交货拖期则要向客户支付违约罚款。基于以上思想,可以建立项目进度计划模型。

设虚拟企业在计划期 $[1,T]$ 内要完成 m 个任务生产 n 种产品,第 i 种产品第 t 日的订货量为 $d_i(t)$。已知第 i 种产品对第 j 种资源的单位能力需求为 w_{ij}(可由定义 4-6 得出),提前生产的提前成本为 α_i,拖期成本为 β_i,其中 $i=1,2,\cdots,n$。企业第 t 日的可用能力为 $C_j(t)(j=1,2,\cdots,m;t=1,2,\cdots,T)$。第 i 种产品期初的存储量为 $I_i(i=1,2,\cdots,n)$,$I_i<0$ 表示欠产量。第 i 种产品第 t 日的计划生产量为 $p_i(t)(i=1,2,\cdots,n;t=1,2,\cdots,T)$,则提前/拖期规划模型 (P_0) 如下,即如何在计划期内充分利用有效资源,使提前/拖期惩罚的总额最小。

$$\min_P F(P_0) = \sum_{i=1}^{n}\sum_{t=1}^{T}\left[\alpha_i\left(I_i+\sum_{k=1}^{t}p_i(k)-\sum_{k=1}^{t}d_i(k)\right)^+\right.$$
$$\left.+\beta_i\left(\sum_{k=1}^{t}d_i(k)-\sum_{k=1}^{t}p_i(k)-I_i\right)^+\right] \tag{4.1}$$

$$\text{s.t.} \sum_{i=1}^{n}w_{ij}p_i(t)\leqslant C_j(t) \quad (j=1,2,\cdots,m;t=1,2,\cdots,T)$$

$$p_i(t)\geqslant 0 \quad (i=1,2,\cdots,n;t=1,2,\cdots,T)$$

式中,$(x)^+$ 表示 $\max\{0,x\}$。

由于以上规划模型 (P_0) 的目标函数是非线性的,因此不能用普通的数学规划方法求解。设 $x_i(t)$ 和 $y_i(t)$ 分别为产品 i 第 t 日的超产量和欠产量,则有:

$$x_i(t)=\left(I_i+\sum_{k=1}^{t}p_i(k)-\sum_{k=1}^{t}d_i(k)\right)^+$$

$$y_i(t)=\left(\sum_{k=1}^{t}d_i(k)-\sum_{k=1}^{t}p_i(k)-I_i\right)^+ \tag{4.2}$$

$$(i=1,2,\cdots,n;t=1,2,\cdots,T)$$

设 $x_i(0)$，$y_i(0)$ 为上一个计划期末的第 i 种产品的超产量和欠产量，显然 $I_i = x_i(0) - y_i(0)$，根据各变量的意义，有如下递推公式：

$$x_i(t) - y_i(t) = x_i(t-1) - y_i(t-1) + P_i(t) - d_i(t)$$
$$(i=1,2,\cdots,n;t=1,2,\cdots,T) \tag{4.3}$$

以 x,y 为变量，以上规划模型 (P_0) 可以转化为如下标准形式的线性规划模型 (P)：

$$\min_{x,y} F(P) = \sum_{i=1}^{n} \sum_{t=1}^{T} \left[\alpha_i x_i(t) + \beta_i y_i(t) \right]$$

$$\text{s.t.} \sum_{i=1}^{n} w_{ij} \left[x_i(t) - y_i(t) - x_i(t-1) + y_i(t-1) \right] \leqslant C_j(t) - \sum w_{ij} d_i(t) \tag{4.4}$$

$$(i=1,2,\cdots,n;t=1,2,\cdots,T)$$

$$x_i(t) - y_i(t) - x_i(t-1) + y_i(t-1) \geqslant d_i(t)$$

$$x_i(t) \geqslant 0, y_i(t) \geqslant 0 \quad (i=1,2,\cdots,n;t=1,2,\cdots,T)$$

解该线性规划问题，产品 i 第 t 日的生产量 $P_i(t)$ 即可按下式计算：

$$P_i(t) = d_i(t) + x_i(t) - y_i(t) - x_i(t-1) + y_i(t-1)$$
$$(i=1,2,\cdots,n;t=1,2,\cdots,T) \tag{4.5}$$

该问题的求解关键有两点：

(1)确定提前成本 α_i、拖期成本 β_i。

提前和拖期对虚拟企业的影响如表 4.2 所示。设 α_{ij} 为 i 产品中第 j 项提前成本，w_{ij} 为第 j 项提前成本的权重，它可由 AHP 方法或经验公式给出；拖期成本与提前成本的计算类似，则有：

$$\alpha_i = \sum_{j=1}^{j} w_{ij} \alpha_{ij}, \beta_i = \sum_{j=1}^{j} w_{ij} \beta_{ij} \quad (i=1,2,\cdots,n;j=1,2,\cdots m) \tag{4.6}$$

表 4.2　提前和拖期对虚拟企业的影响

影响类型	具体描述
	占用流动资金
	存储费用增加
提前的影响	资源调度费用增加
	管理费用增加
	错过新机遇

续表

影响类型	具体描述
拖期的影响	支付违约罚款
	客户信誉受损
	市场丧失
	管理费用增加
	错过新机遇

一般情况下，提前成本 α_i、拖期成本 β_i 均与产品的合同价格成正比。为了简化，设 p_i 为产品 i 的合同价格，α、β 分别为提前、拖期系数，α_i、β_i 可以用以下公式求解：

$$\alpha_i = \alpha p_i, \beta_i = \beta p_i \tag{4.7}$$

(2)原问题(P_0)的约束个数为 mT，当 m 较大时，问题规模过大而无法求解。

在实际生产中，对交货起决定作用的只是那些在项目关键路径上的任务的能力约束，而且关键路径上的能力约束并非都很重要，只有那些"瓶颈任务"的能力约束才真正决定产品的交货期。瓶颈任务是指关键路径上任务完成时间较长的任务，可对关键路径上任务完成时间进行排队并取前几位作为瓶颈任务，也可以设置一个时间门限，大于该门限的即为瓶颈任务。设 j_{it} 为在 t 时刻，占用第 j 种资源生产第 i 种产品的任务构成了瓶颈任务($i = 1, 2, \cdots, n; t = 1, 2, \cdots, T$)，可以得到仅以 j_{it} 为约束的松弛规划 RP。

根据以上分析，给出以下项目进度计划的算法：

①根据项目的性质建立起过程框架；

②抽取各过程框架中项目集中控制的任务组成任务网络有向图 G；

③识别出有向图 G 中项目的关键路径，方法详见 4.5.1 节；

④识别出关键路径上的瓶颈任务 $\{j_{it}\}$；

⑤解仅以 $j_{it}(i = 1, 2, \cdots, n; t = 1, 2, \cdots, T)$ 为约束的松弛规划 RP，得到松弛的最优解(x^*, y^*)和 p^*；

⑥对所有约束检查 p^* 的可行性：若所有约束均可满足，则 p^* 为最优解，停止；否则，将所有不满足的约束加到松弛规划 RP 上，转至第 5 步。

4.4 工作流模型

工作流就是企业过程部分或全部地计算机化或自动化。它为了达到一定的生产目的,根据一组定义的规则,将文本、信息和任务在工作过程参与者之间自动传送并驱动项目执行代理完成任务。

由于项目具有早期不确定性,在初始阶段确定了项目的范围和计划后,在实施过程中有效的项目控制就成为项目成功的重要手段。特别是在虚拟企业这样的大型复杂的项目中,项目管理要支配多企业组织、协调复杂的工作流和合理配置资源,要达到在机遇生命周期内用有限资源实现机遇的目的,这一切都取决于对项目任务的有效控制。因此,将项目分解为相互关联的子任务集后,还需要一个高效的工作流管理系统(WfMS)来管理分布式任务的协同执行,监控项目进度的执行情况,为项目管理提供信息服务和决策支持。

在合作企业中,已经存在各种应用系统来支持运营过程,但这些系统基本上是独立运行的,相互之间缺乏必要的交互、协作和感知,从而使得它们在协调多个项目工作组来完成大型机遇产品项目方面有着严重的不足。WfMS弥补了这方面的不足,它可以作为项目管理的有力手段来驱动各应用系统共同完成项目中的任务,在正确的时间把任务分配给正确的项目执行者。

4.4.1 工作流参考模型

为了实现不同工作流系统之间信息的交换和协作,工作流管理联盟(WfMC)定义了工作流参考模型,图4.4描述了该模型的基本部件和基本接口。其中的工作流系统有五个基本部件。

(1)工作流定义工具。它是提供一种描述工作流过程的工具,把实际的业务过程用图形化的方式或其他方式描述出来并转化成规范的工作流定义语言格式。

(2)工作流执行服务。它由一个或多个工作流引擎组成,是工作流的核心,负责创建、管理和执行工作流实例。各种工作流应用通过工作流应用编程接口访问它。工作流引擎为工作流实例提供运行时的执行环境,它解释工作流定义、控制工作流实例的运行、根据工作流的定义和状态导航工作流、分派各种角色、维护工作流的控制数据、调用各种应用等。

（3）被调应用。它是一些功能应用的集合，每个应用负责完成工作流的某个子任务或某部分子任务，如会话建立、活动管理、数据处理等。工作流引擎根据工作流运行情况动态调用它们完成工作流的执行。

（4）客户应用。它可以通过工作列表接口访问工作列表库，工作流引擎可以把任务分配到工作列表库而由用户去访问接受分配的任务。工作流客户应用部件在实现时是可选的，但在需要人参与完成工作流中某些非完全自动的过程时应提供该应用。

（5）管理监控工具。它负责管理和监控工作流，包括用户管理、角色管理、运行记录、错误恢复、停止和删除工作流等。

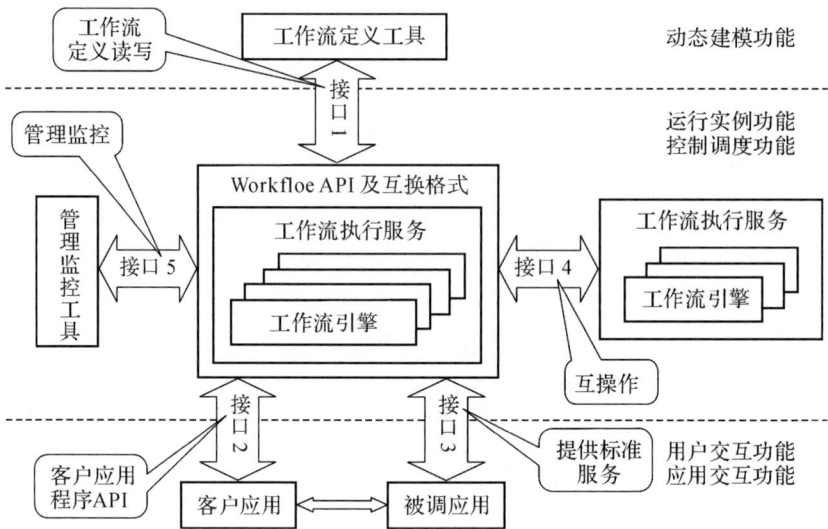

图 4.4　WfMC 工作流参考模型

工作流参考模型是工作流系统设计的规范，可以根据虚拟企业的特点对其进行扩展，形成支持虚拟企业的敏捷工作流系统，但要保证工作流的兼容性。虚拟企业已打破了时空的限制，工作流的设计应该更灵活，有关工作制度和工作方式都应有相应的改变。比如，异地制造使不同时区的人可以协同工作，这要求上游阶段的工作一定要在为下游阶段的工作做好准备时才能结束，从而可以协调不同时区工作组并行工作。电子邮件代替 EMS、电子合同以 EDI 的方式签订等都反映了虚拟企业敏捷、高效、低成本的特点。

4.4.2 支持虚拟企业项目管理的工作流管理系统

根据工作流参考模型和项目管理的特点,本书设计了一种支持虚拟企业项目管理的工作流管理系统,以解决项目管理中的任务分派和监控问题,如图 4.5 所示。下面介绍工作流管理系统的概念模型。

【定义 4-13】 如果 PRO 表示项目,Dispose 表示项目分解,则分解结果就是工作流对象:

$$\forall \text{PRO} \rightarrow (\text{Dispose(PRO)} \in \text{TUSER}) \bigcup (\text{Dispose(PRO)} \in \text{TSTAD})$$

$$\text{TUSER} \bigcap \text{TSTAD} = \Phi, \text{TUSER} \bigcup \text{TSTAD} = \text{TAK}$$

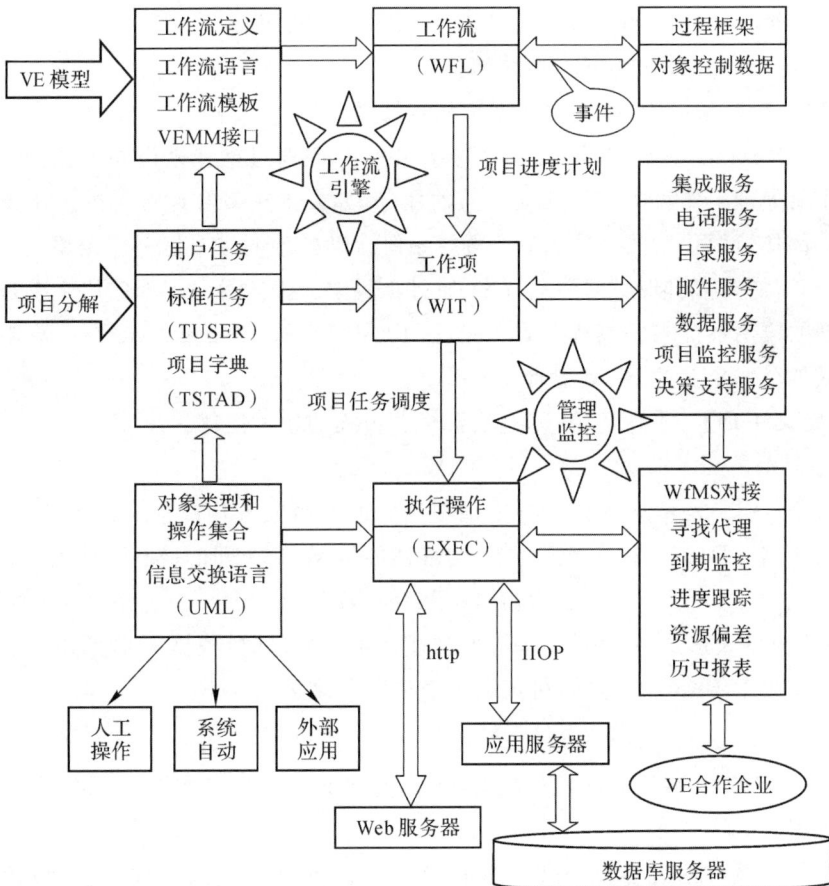

图 4.5 支持虚拟企业项目管理的工作流管理系统

其中，TAK：项目分解形成的任务集，也是工作流执行的对象。

TUSER：用户自定义任务，包括具体的生产任务和虚拟企业所特有的项目管理任务，如机遇产品关键任务跟踪、伙伴企业的项目进度跟踪、虚拟企业整体进度跟踪、虚拟企业利润分配、虚拟企业项目成本会计、伙伴企业经营状况评价、项目进度表跟踪等。TUSER 是项目管理中必要的任务。

TSTAD：工作流执行的标准任务，包括用户管理、角色管理、审计管理、任务优先级设定、项目字典编制等。

【定义 4-14】 如果任务（TAK）的执行（EXEC）所需要的对象用 OBJ 表示，则有：

$$EXEC：OBJ \rightarrow TAK，OBJ = (DATA，OPER)$$

其中，OBJ：供工作引擎调用以实现工作流的人、软件和外部应用［如 ASP（Application Service Provider，应用服务提供者）提供的有限元分析等］，它分为数据（DATA）和操作（OPER）两个部分。

DATA：对象的输入、输出数据和私有数据。

OPER：对象完成其功能的行为集合，用户只能通过操作来访问数据。人工操作主要处理工作流中需要人工参与的任务，如人工决策和冲突时的人工干预以及外部环境变化后的进度表修改等。系统自动处理的主要是一些无须人工参与的任务，如异常出现时的消息分发、统计项目财务报表等。外部应用主要是调用外部的应用系统来完成特定的功能，如 FEM（Finite Element Method，有限元法）、其他合作企业的 PDM 设计工具等。

【定义 4-15】 工作流（WF）是实际运营过程的数学描述：

$$WF = (WIT，FC)$$

其中，WIT 表示从运营过程中抽象出来的所有任务构成的工作项的集合，见定义 4-11。FC⊆WIT×WIT×C，它描述的是 WIT 之间的控制流动关系。

$$\forall c \in C，\exists c = \langle b，E \rangle$$

b 为布尔表达式，E 为规则集。b 描述在条件满足时，根据 E 激活后续的工作项并将数据传给它。这样，可定义一个映射 G 来表达 WF：

$$G：\underset{v \in i(C)}{\times} DOM(V) \rightarrow \underset{v \in O(C)}{\times} DOM(V)$$

其中，$i(C)$ 是 WF 的输入参数集，$O(C)$ 是 WF 的输出参数集，$DOM(V)$ 是参数的类型。

工作流系统内有多个任务的并行执行。任务可由人来处理，也可以由系统自动处理；可以按时间顺序执行，也可以按与条件评估关联的逻辑顺序执行。任务的执行次序由 WfMS 按事件触发机制控制。WfMS 为管理工作流提供了可编程的支撑工具,当它检测到某个工作流需要人工干预时,系统就会向相应虚拟企业项目管理人员发消息。通过各合作企业 WfMS 系统的对接,以 WfMS 为中心集成各应用系统实现项目任务的分派、执行、监控和信息传输。

【定义 4-16】 如果工作流模板的集合表示为 WF_MOD,工作流语言表示为 WFL,则工作流定义可表示为:

$$defin: \langle TAK, WFL, WF\_MOD \rangle \rightarrow WF$$

即选择合适的工作流模板将任务组装成用工作流语言描述的工作流形式。

工作流定义模块允许用户使用可视化工具将任务集组织成用工作流的形式,它提供工作流模板以供用户快速配置工作流,完成任务的分派。VEMM 可对工作流定义提供以下支持:

(1)VEMM 通过外部接口可将虚拟企业模型转化为工作流模板或直接转化为工作流以支持两者的无缝连接;

(2)如果 WFL 选用 UML,则可用过程模型中的活动图、顺序图和合作图来表达任务,图中的角色和对象表达工作项的执行代理或功能对象,"事件[条件]/动作"表达任务之间的交互,工作流引擎的 Workflow API 可以直接解释 UML 或将 UML 映射为其他执行语言或实时控制语言以驱动工作流执行;

(3)如果把各功能应用封装成对象,构件图可清晰地表达对象间的调用关系,采用包图可将对象按通用程度封装到虚拟企业模型基础类库中以提高其 RRS 性能。

下面对工作流管理系统的几个要素加以说明。

(1)过程框架:见定义 4-12。它包含特定工作流的系统变量和其他明确定义的元素(如工作流标识)、工作流的输入/输出参数以及实例化的对象控制数据。可将过程框架看作工作流的容器,工作流在其中运行。过程框架不仅引入了任务执行前需考虑的目前资源约束,降低了任务执行失败的可能性,而且使工作流的有关参数可以推迟到任务执行时再加以确定,从而提高了系统的可用性。过程框架可以跨越不同合作企业,为虚拟企业的协作提供方便。

(2)集成服务:提供了各种服务来协调工作流和对外交流。由于各合作企业信息基础有差异,其采用的通信方式也有很大差别。集成服务模块屏蔽了通信方式的差异,它可以自动或半自动地接收和发送各种信息,如邮件、电话、传真等,并完成信息不同格式的转换。

集成服务模块提供合作企业之间工作流系统对接、统计合作企业业务报表等服务。这些统计报表可用来监视各合作企业的活动,确认其是否履行虚拟企业合约。通过 WfMS 对接,可以在虚拟企业合作企业间寻找任务代理,对企业间的项目进度进行跟踪和监控,检查资源偏差,以便对内部项目进行及早准备和统筹安排,也能及时满足其他企业的请求。

另外,集成服务模块还提供项目监控和决策支持服务,进行到期检查和拖期警告,辅助改变任务优先级和执行路径等,这些服务将工作流系统和项目管理有机结合起来,为项目管理提供决策支持。

(3)执行操作:该模块不仅通过工作引擎调用应用系统或人来执行分配的任务,而且要将执行情况反馈给项目管理员。如图 4.6 所示,工作流执行后将进度信息、费用信息、材料信息等上报集成服务中的项目监控服务,项目监控服务对照已建立的项目目标来衡量项目进度、质量等是否存在偏差。根据偏差的大小自动启动决策支持服务中相应层次的决策支持程序,生成该层次的相关报告和辅助决策方案,并上报项目管理员。项目管理员综合各层次的报告和辅助决策方案,给出项目控制方案,该方案如果符合项目计划(可能已修改过)要求,则输出决策指示,否则将把项目控制方案送决策支持服务重新优化。

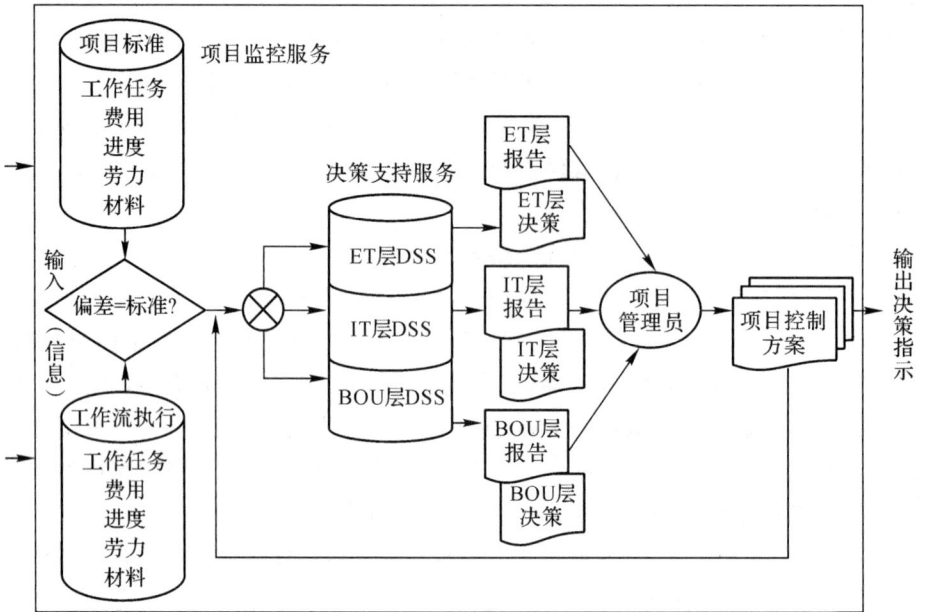

图 4.6 项目控制系统

(4)项目进度:项目进度是项目管理的主要内容。其可采用以下方法来控制项目进度:①在任务执行前,由项目进度计划从总体上对项目进行分阶段划分,然后由任务进度计划(过程框架)来确定一组相关任务的开工和完工日期,而每个任务的开工和完工日期则由完成该任务的工作项来确定;②在任务执行中,由工作流管理监控工具对任务的执行情况进行监控,给出每天、每周、每月的项目进度报表,提供具有针对性的项目监控、到期监控、进度跟踪等服务;③在项目进度出现异常时,通过决策支持系统和人工干预进行异常处理。

另外,下节讨论的任务调度算法和执行策略在一定程度上为项目进度管理提供了科学的算法和有效的措施。本章最后讨论的项目规划问题可计算出项目进度不同阶段必要的生产能力需求。

(5)实现方案:采用基于 Web 和 CORBA 相结合的方式,客户应从 Web 服务器处下载其所需要的代理接口,然后通过 ORB(Obiect Request Broker,对象请求代理)访问应用服务器代理请求服务。由应用服务器处理到数据服务器的事务逻辑,避免了数据服务器的瓶颈问题。这种方案能满足虚拟企业分布异构环境的需要,其跨平台和应用的特性以及良好的可伸缩性是构建虚拟企业分布式工作流的必要条件。工作流管理系统可为虚拟企业运营提供良好的分布式信息服务。比如,以 Web 技术处理非结构化的数据,把大量不同类型的数据和信息资源组织起来,以简单、统一的方式供合作企业访问;以 CORBA 技术处理结构化的数据和逻辑复杂的分布式交互操作,屏蔽伙伴企业的分布性和各应用系统的异构性。

4.5　项目任务的执行和调度

4.5.1　任务的调度

任务的调度是项目管理的重要内容。在项目中有多个任务动态并发执行,任务状态随执行情况而变化。最基本的任务状态有执行、就绪、阻塞、挂起。

(1)执行:任务正在执行并占用项目资源。

(2)就绪:已分配项目资源但任务尚未执行。

(3)阻塞:任务尚未完成但因等待某个事件而不能继续执行。

(4)挂起:暂时使任务处于休眠状态,释放资源。

项目分解完成后,在适当的时机可由人或 WfMS 启动任务。WfMS 在任务执行前检查是否具备所需的执行环境和资源,如准备完毕,则将该任务装入特定过程框架,然后对其进行初始化,设置执行的环境变量和分配必需资源,这时任务处于就绪状态;当执行条件被触发时便执行该任务,这时任务处于执行状态;当有其他高优先级的任务投入执行或执行代理处于冲突状态时,该任务有可能被剥夺执行资源而处于挂起状态,从而被暂停执行;当执行代理再度空闲且无其他高优先级的任务投入执行时,该任务有可能被激活并恢复执行。任务状态及其转换和调度(见图 4.7)需要一套调度方法来减少冲突的发生,提高任务的执行效率。本书采用受资源约束的动态关键路径法来实现项目管理中的任务调度功能。

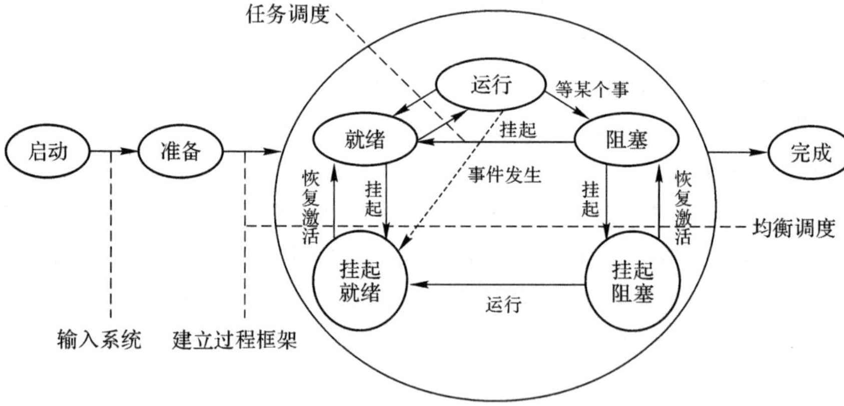

图 4.7　任务状态及其转换和调度

从图论的角度来看,项目进度计划实际上是一张表达任务流程的有向图。任务调度的目标是在不违反规划好的任务流程图的时序关系和任务资源约束前提下,在最短的时间周期内完成高质量的项目。因此,任务流程图中关键路径上的任务应该具有更高的优先级。

【定义 4-17】　项目关键路径:一个从项目入口到项目出口的任务结点和有向边集,该集合中所有任务结点的时间期限之和为最大。这些任务节点也就决定了该项目是否能如期完成。

【定义 4-18】　最早完成时间:假设 P 是项目初始结点 T_0 到任务结点 T_i 的任意一条路径,$t_p(T_i)$ 是从 T_0 沿着路径 P 到达经过的所有任务结点时间期限的总和,则称 $t_p(T_i)$ 的最大值为任务结点 T_i 的最早完成时间,记为 $\mathrm{TE}(T_i)$,即 $\mathrm{TE}(T_i)=\max\{t_p(T_i)\}$。假设 T_i 有 j 个前序任务结点,$\mathrm{TE}(T_i)$ 可以递归地由下式得到:

$$\mathrm{TE}(T_i)=\max_{1\leqslant k\leqslant j}\{\mathrm{TE}(T_{ik})+\Gamma(T_i)+W(T_i)\} \tag{4.8}$$

其中,T_{ik} 是 T_i 的第 k 个前序任务结点,$\Gamma(T_i)$ 是 T_i 的执行时间期限,

$W(T_i)$是 T_i 的资源等待时间。

在明确了任务的最早完成时间概念后,不难发现,项目关键路径的长度就是项目结束任务结点的最早完成时间。

【定义 4-19】 最晚完成时间:在项目结束任务结点的最早完成时间不增加的前提下,允许从入口点 T_0 最晚到达任务结点的时间,称为 T_i 的最晚完成时间,记为 TL(T_i)。假设 T_i 有 j 个后序任务结点,$TL(T_i)$ 可以递归地由下式得到:

$$TL(T_i) = \max_{1 \leqslant k \leqslant j}\{TL(T_{ik}) - \varGamma(T_i) - W(T_i)\}$$

T_{ik} 是 T_i 的第 k 个后序任务结点,$\varGamma(T_i)$ 与 $W(T_i)$ 的定义同上。

在定义了这两个概念后,给出定理 4-1,证明略。

【定理 4-1】 如果任务结点 T_i 满足条件 TE(T_i)=TL(T_i),那么 T_i 位于项目的关键路径上。

定理 4-1 指明了项目关键路径的获取算法,即首先必须求得每个任务结点的最早完成时间和最晚完成时间,找出那些最早完成时间和最晚完成时间相等的任务结点,这些任务结点即构成了项目关键路径。但是这里还有两个问题尚未解决。

(1)资源等待时间 $W(T_i)$ 的求值。

根据定义 4-6,资源约束可表示为矩阵 $\boldsymbol{X} = [X_{ij}]m \times n$,其中某一项 X_{ij} 描述了子任务 T_i 必须占用资源 j 的数量。假设所有与 T_i 具有同一优先权的任务结点共有 p 个(包括 T_i 本身),这些结点在时序关系上可以并行执行,表示为 $T_{i1}, T_{i2}, \cdots, T_{ip}$,且共享 m 个资源,那么资源等待时间 $W(T_i)$ 的求值问题就可转换为求解动态 0-1 最优规划问题:

$$\min_{1 \leqslant k \leqslant p}(\varphi_1 W(T_{ik}) + \varphi_2 \varGamma(T_{ik}))$$

约束:$\sum_{j=1}^{p}\lambda_{1j}X_{1j} \leqslant R_1, \sum_{j=1}^{p}\lambda_{2j}X_{2j} \leqslant R_2, \cdots, \sum_{j=1}^{p}\lambda_{mj}X_{mj} \leqslant R_m \qquad (4.9)$

其中,$\varGamma(T_{ik})$ 为任务 T_{ik} 的执行时间期限。φ_1 和 φ_2 都是 0-1 参数,如果任务 T_{ik} 与其他任务受资源约束无法并行执行,则 φ_1 和 φ_2 都等于1。否则,若 $W(T_{ik}) > \varGamma(T_{ik})$,则 $\varphi_1 = 1, \varphi_2 = 0$;若 $W(T_{ik}) < \varGamma(T_{ik})$,则 $\varphi_1 = 0, \varphi_2 = 1$。$R_m$ 为第 m 个资源总数,X_{mj} 为任务 T_{ik} 需占用资源 R_m 的总数。λ_{kj} 是一个 0-1 参数,表示任务 T_{ik} 是否正在执行。

而每个 $W(T_{ik})$ 又可递归地表示成任务 T_{ik} 不参与下的动态 0-1 最优规划问题,即可表示为

$$\min_{1 \leqslant j \leqslant p, j \neq k} (\varphi_1 W(T_{ik}) + \varphi_2 \Gamma(T_{ik}))$$

约束：
$$\sum_{j=1}^{k-1} \lambda_{1j} X_{1j} + \sum_{j=k+1}^{p} \lambda_{1j} X_{1j} \leqslant R_1 \sum_{j=1}^{k-1} \lambda_{2j} X_{2j} + \sum_{j=k+1}^{p} \lambda_{2j} X_{2j} \leqslant R_2, \cdots, \quad (4.10)$$
$$\sum_{j=1}^{k-1} \lambda_{mj} X_{mj} + \sum_{j=k+1}^{p} \lambda_{mj} X_{mj} \leqslant R_m$$

经过一系列的递归过程后，问题被转化为静态的 0-1 最优规划问题，可利用匈牙利方法求解。实际上，求解完这一 0-1 最优规划问题后，不仅求得了任务 T_{ik} 的资源等待时间，而且获取了任务 $T_{i1}, T_{i2}, \cdots, T_{ip}$ 的实际调度时序。

(2)当某些任务提前或滞后于给定时间期限完成时，可能会使原项目关键路径改变。

解决策略是时刻监测当前的所有已完成的任务结点，如果某一任务结点的完成时间早于其最早完成时间或晚于其最晚完成时间，则必须重新计算剩余任务结点的最早完成时间和最晚完成时间，更新项目的关键路径。

综上所述，项目管理的任务调度算法为：

(1)利用动态规划和匈牙利方法求解项目中每个未完成任务结点的资源等待时间，同时获取受资源约束的实际任务调度时序。

(2)求解每个未完成任务结点的最早完成时间和最晚完成时间，从而求得项目的关键路径。

(3)判断项目任务是否已完成。若已完成，则调度结束；否则，选取所有当前可以运行的任务通知相关用户执行，如果是项目关键路径上的任务结点，则通知 WfMS 重点监控并提高该结点的优先级。为了均衡调度任务，任务等待执行的时间越长，其优先级逐渐提高。对长周期任务，其优先级随占用系统时间的增加而下降。这样，不至于低优先级的任务被长期阻塞，而高优先级的任务独占资源。

(4)当某一任务完成时判断其完成时间，若早于其最早完成时间或晚于其最晚完成时间则转至第 1 步，否则转至第 3 步。

4.5.2 任务的执行策略

任务采用并行执行策略，把一个任务分解为若干按顺序执行的子任务，不同的子任务由不同的执行代理负责执行，而这些执行代理可以同时并行工作。在任一时刻，任一子任务只占用其中一个执行代埋，这样就可以实现多个任务的重叠执行，提高工作效率。

假定有某种类型的任务 B,共可分解为 N 个子任务 $S_i(0<i\leqslant N)$,执行每个子任务 S_i 需要相同的时间 t,则串行完成一个任务 B 需要时间 Nt,若串行完成 k 个任务 B,则共需时间 kNt。若以并行方式执行(见图 4.8),则经过 Nt 时间完成第 1 个任务 B,再过 t 时间完成第 2 个任务 B,所以完成 k 个任务 B 所需的时间为:$Nt+(k-1)t=(N+k-1)t$。当 k 较大时,$(N+k-1)t\ll kNt$。由于在完成一个老任务 B 之前就可以启动一个新任务 B,满负荷后完成任务的速度只取决于提供新任务的速度,而与该任务所需的全部时间无关。从中可以看出,由于多个任务可以重叠地执行,虽然完成一个任务的时间与单独地执行该任务的时间相近,但是从整体上看完成多个任务所需的时间则大大减少。

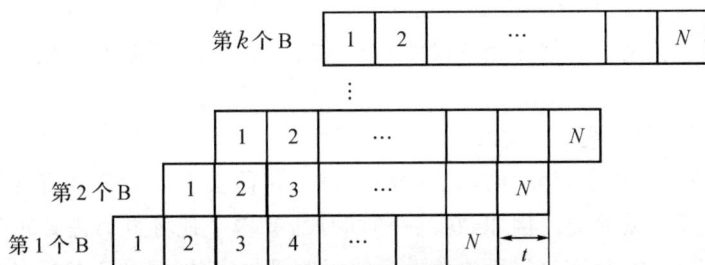

图 4.8　k 个任务 B 并行执行

并行执行策略的关键在于任务分解。在实际执行过程中,由于各个处理过程中时间周期各不相同,有时差别很大,虽然这可以通过进一步细分的方法来解决,但有时通过细分的方法获得统一的工作节拍是不现实,也是不可行的。例如,机械制造行业中产品的设计周期以月计,而某道工序的加工则以小时计。对此,本文提出一种局部节拍的方法来解决这个问题。

如图 4.9 所示,执行代理 A2、A3、A4 的时间周期相似,执行代理 A1 的时间周期远小于 A2、A3、A4,在它们之间设置一个缓冲器 C1 来平衡两者的工作节拍。A1 完成的任务暂时缓存在 C1,由 C1 按 A2、A3、A4 的工作节拍进行分配,C1 的容量根据两者的节拍差距大小决定。这里 A5 为关键执行代理,由于 A2、A3、A4 共同竞争 A5,在它们之间设置缓冲器 C2 进行调度,按先进先出、后进先出或优先级算法响应 A2、A3、A4 的请求。如有必要可启动加速器 E1 和冗余设备 A6 来扩大 A5 的能力。同时为了便于任务迅速通过 A5 设置 C3 来拉动 A5 的生产,C3 同时也担任着调度 A7、A8、A9 的职责。这样通过缓冲器来解决工作节拍的转换问题,将工作节拍限制在局部的范围内,避免了建立统一节拍难的问题。将缓冲器挂接在 WfMS 上，可监视工作流执行过程中的瓶颈，便于从全局的角度出发考虑消除瓶颈的策略。机械制造行业常把 MRP-II 能力平衡后的关键设备映射为 A5，车间在制品库存映射为缓冲区，专用的工装、卡具映射为加速器，冗余备份设备映射为 A6。生产指令的预先下达通过 C3 来实现对生产的拉动。

对虚拟企业来说，每个项目分解的粒度可能不同，而且在不同任务的处理之间有影响，设计工作节拍灵活高效的柔性工作流需要考虑多种因素，如资源、组织、任务相关性、环境不确定性等，这里主要讨论以下两种情形。

1）任务相关性

由于任务之间关联，某任务处于等待状态。例如，某盟主企业与伙伴企业分别负责机遇产品的关键部件 A 和非关键部件 B 的设计，通常 A、B 的设计可以并行，但某阶段 B 的设计由于工艺变动需要对 A 相关部分的加工精度进行变动，这需要盟主企业和伙伴企业设计师共同决定。在决定前，B 的设计工作将被迫等待。

2）共享资源冲突

当多条工作指令以并行方式重叠执行时，可能会引起对公共资源访问次序的变化，从而导致冲突。例如，在某一时间段，有多个任务同时需要占用某高精密度的加工设备，而该时间段内该设备的工时是一定的，且小于各任务所需工时之和，则当多个任务竞争有限的共享资源时，某些任务必须等待。

资源能力的限制也构成对并行的约束。例如，有 9 个零件都需要进行车削且可并行加工，但由于只有 2 台车床可用，而每台车床最多可以同时加工 2 个零件，因此仍有 5 个零件需要等待加工。

为了避免冲突，需要把互相关联的工作指令阻塞，但这样会降低执行的并行度。一般工作指令并行级数越高，越容易导致冲突，发生阻塞。

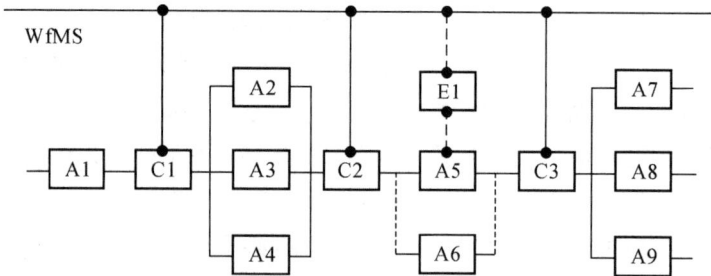

图 4.9　局部节拍控制

4.6 项目规划的优化

前面讨论了项目管理中任务的执行策略,其中提到任务的并行度要受企业生产能力的限制。在变动不居的市场环境下,需求是不断变化的,产品也是有生命周期(初期、生长期、成熟期、衰老期和死亡期)的。而为了保证生产的稳定性,企业的生产能力在一定时间内是相对稳定的。尽管可以通过提高设备的柔性来达到对需求的快速反应,但在实际中,每次生产能力的大幅调整都要涉及生产规模、资源规划、工作制度以及员工数量和质量等诸多因素的相应调整,其调整费用高,同时也增加了项目的风险。因此,何时以多大的生产能力进行生产才能在满足需求的情况下使项目费用最小,即生产速率(代表生产能力)的调整问题成为项目规划的重点问题之一。生产速率的调整在一定程度上也可作为 BPR 时机和幅度的参考。

随着先进制造技术的发展,特别是柔性生产技术的发展和大批量定制等先进制造思想的提出,离散型生产和连续型生产的界限变得不是很分明了。当生产的批量降低到一定程度后,离散型生产与连续型生产便没有多大差别了。目前制造业的生产模式正有这种趋势。根据这种假设,我们建立了项目规划的模型。项目规划问题在现实企业中通常反映为企业的生产能力规划问题,这里研究市场需求连续变化条件下的生产能力规划问题主要是为了解决在不同需求和费用情况下,如何确定生产速度使生产成本最小的问题。

4.6.1 生产能力规划问题的描述

为准确描述这一问题,这里定义了以下概念:

$z(t)$:在时间 t 的生产速率,$z(t)=\dfrac{\mathrm{d}Q}{\mathrm{d}t}$,$Q$ 为产量。由第 3.4.4.1 节的成本构成分析可知:$Q_s=aQ+u$;Q_s 为原材料需求量,即资源数量。则 $z(t)=a\dfrac{\mathrm{d}Q_s}{\mathrm{d}t}$,即生产速率与资源的变化率成正比。生产速率的调整在某种程度上反映了项目资源的规划。

$r(t)$:在时间 t 的需求率。

$y(t)$:在时间 t 的库存水平。

$c(z)$：生产速率为 z 时的单位时间生产费用。

$g\left(\dfrac{\mathrm{d}z}{\mathrm{d}t}\right)$：生产速率改变时的单位时间生产费用。

$l(y)$：库存水平为 y 时的单位时间库存费用。

$J(z)$：生产总成本。

如果 $y<0$，$l(y)$ 是未交付定货量为 y 时的费用；如果 $y>0$，$l(y)$ 是存储量为 y 时的单位时间库存费用。

时间 t 的生产总量为：

$$Z(t) = \int_0^t z(\tau)\mathrm{d}\tau \tag{4.11}$$

时间 t 的总需求为：

$$R(t) = \int_0^t r(\tau)\mathrm{d}\tau \tag{4.12}$$

则有

$$Y(t) = Z(t) - R(t) \tag{4.13}$$

生产能力规划问题转化为如何在项目周期内调整生产速率使生产成本最小的问题：

$$\min(J(z)) = \int_0^T \left[c(z(t)) + g\left(\frac{\mathrm{d}z(t)}{\mathrm{d}t}\right) + l(y(t)) \right]\mathrm{d}t \tag{4.14}$$

在这个模型中，我们假设生产速率在任何连续区间上都可以不同。在解释费用函数 $\int_0^T g\left(\dfrac{\mathrm{d}z}{\mathrm{d}t}\right)\mathrm{d}t\, J(z)$ 中的积分时，需要注意的是我们不希望限定生产策略函数是可微的或者是连续的。如果 $z(t)$ 在某些点上是不连续的，则 $\dfrac{\mathrm{d}z}{\mathrm{d}t}$ 不能定义，且差分 $g(z(t+0) - g(z(t-0))$ 将被看作是那一点的积分基值。因此该积分是连续的 $z(t)$ 的积分与不连续点的积分基值的和。

为了便于计算，本书将问题转化为求最大值问题：

$$\max(-J(z)) = \int_0^T -\left[c(z(t)) + g\left(\frac{\mathrm{d}z(t)}{\mathrm{d}t}\right) + l(y(t)) \right]\mathrm{d}t \tag{4.15}$$

因为每次改变生产速率需要较高的设备调整和重新调试费用，装夹费用、管理费用和工人培训费用等也都很高，所以，为了保证生产的稳定性，调整后的生产速率在一定时期内保持不变。可设生产速率是一个阶梯函数，即速率在有限时间内改变，且在每个时间区间内是常数，如图 4.10 中的实线。横轴代表生产率持续的时间占总生产周期的百分比，纵轴代表生产速率的大小。

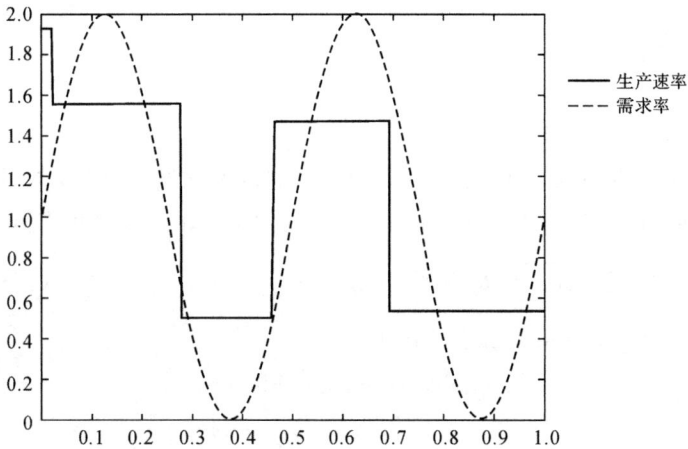

图 4.10 生产速率与需求率

其表达式如下:

$$z(t) = \begin{cases} z_i, t_{i-1} \leqslant t < t_i; i=1,2,\cdots,n \\ 0, t > T \end{cases} \tag{4.16}$$

生产能力规划由下述三个因素描述:

(1)规划展望期 T 上生产速率改变的总次数 n,它将规划展望期分成几个时段;

(2)在 T 上每个时段的生产速率值 z_i;

(3)每个时段的延续时间 $T_i - T_{i-1}$,在这段时间内生产速率保持不变。

我们用遗传算法对问题进行求解,一个染色体必须具有生产能力规划的三个因素,以便表达问题的解。在问题解决之前,总改变次数 n 是未知的,为适应这种情况,将一个变长度串 $[x_1, x_2, \cdots, x_{2n}]$ 作为表达问题解的染色体。其中,偶数下标元素 $x_{2i}(i=1,2,\cdots,n)$ 代表生产速率,奇数下标元素 $x_{2i-1}(i=1,2,\cdots,n)$ 代表生产时段 i 延续时间与规划展望期 T 的比例。

从染色体得到的解如下:

$$t_0 = 0$$

$$t_i = \frac{x_1 + x_3 + \cdots + x_{2i-1}}{x_1 + x_3 + \cdots + x_{2n-1}} T; i=1,2,\cdots,n \tag{4.17}$$

$$z_i = x_{2i}; i=1,2,\cdots,n$$

从上式容易看出染色体总能产生可行解。

4.6.2　初始化

初始种群由下述步骤随机产生：

（1）随机产生整数 n，将其作为生产速率的改变次数，通常 n 的可能范围可以由特定问题的知识给出。为了提高效率，我们采用了启发式极点判定法，即把 $\dfrac{\mathrm{d}z}{\mathrm{d}t}=0$ 的次数作为 $\max n$ 的最大值，剔除 $\left|\dfrac{\mathrm{d}z}{\mathrm{d}t}\right|<\varepsilon, t\in[t-\delta, t+\delta]$（$\varepsilon, \delta$ 为指定的任意小实数）的极点 unavailable_n，则

$$n=\max n-\text{unavailable\_n}+1 \tag{4.18}$$

（2）在区间 $[\varepsilon,1]$ 上产生 n 个随机数 $x_1, x_3, \cdots, x_{2n-1}$。

（3）在区间 $[\varepsilon,1]$ 上产生 n 个随机数 $x_1, x_2, \cdots, x_{2n}$。这里对生产速率的取值范围进行了规范化处理，并将其映射到 $[\varepsilon,1]$ 区间上。即

$$[\varepsilon,1]=\text{map}([\varepsilon, \text{up\_bound}])$$

其中，ε 是小的正数，up_bound 是生产速率的可能上限。

因此，在求适值函数的值时一定要进行从编码空间到解码空间的转换。以上处理，提高了样本的多样性，简化了计算过程中相应的处理，提高了接近全局最优解的概率。

（4）重复上述步骤，产生 pop_size 个染色体。

4.6.3　评估与选择

采用一类基于顺序的评估函数评定每个染色体的适值，评估过程主要包括三步：

（1）根据目标函数式计算目标值；

（2）将染色体根据目标值升序排列；

（3）赋予每个染色体基于顺序的适值，令 r_k 为染色体 v_k 的位次。对于用户给定的参数 $a\in(0,1)$，基于顺序的适值函数定义如下：

$$\text{eval}(v_k)=a(1-a)^{r_k-1} \tag{4.19}$$

其中 $r_k=1$ 代表最好染色体，$r_k=$ pop_size 代表最差染色体，于是有：

$$\sum_{k=1}^{\text{pop\_size}}\text{eval}(v_k)\approx 1 \tag{4.20}$$

选择过程基于转轮法，进行 pop_size 次，其中 pop_size 是种群数，每次有一

个染色体被选进新的种群。

4.6.4 交叉

采用定义为两个向量线性组合的算术交叉。对于每对双亲 v_1 和 v_2，如果它们具有相同的维数，交叉算子产生两个后代 v' 和 v''：

$$v' = c_1 v_1 + c_2 v_2$$
$$v'' = c_2 v_1 + c_1 v_2$$

$$(4.21)$$

其中 $c_1, c_2 \geqslant 0$ 且 $c_1 + c_2 = 1$。因为约束集合是凸的，如果双亲都是可行的，算术交叉操作可保证两个后代是可行的。

4.6.5 变异

变异是以很小的概率随机地改变一个染色体的值，其目的是防止丢失一些有用的遗传因子，特别是当种群的个体经遗传运算可能使某些基因的值失去多样性时，变异操作可以起到恢复基因多样性的作用。

定义参数 p_m 为遗传系统中的变异概率，这个概率表明，总体中有期望值为 $p_m \cdot$ pop_size 个染色体用来进行变异操作。

从 $i=1$ 到 $i=$ pop_size，重复以下过程：从 $[0,1]$ 中产生随机数 r，如果 $r < p_m$，则选择 B_i 作为变异的父代。对每一个选择的父代，按如下方法进行变异：仍然以二进制串表示的染色体为例，设染色体的长度为 m，随机地从 $[1,m]$ 中选取一个整数位置 k，将父串的第 k 位的值改变，即由 1 变为 0 或由 0 变为 1。

4.6.6 Lamarck 进化

遗传算法起源于达尔文的自然选择理论，它强调"遗传变异"。Lamarck 进化理论提出环境变化通过有机生命体的变化引起生物结构的变化，并传给了后代，它强调"用进废退"。本书将这两种理论相结合，将 Lamarck 进化理论用于交叉变异的后处理，从而将专门的领域技术与遗传算法结合起来解决实际优化问题。

Lamarck 进化属于遗传算法的可选模块，针对不同的问题其算法也不同，它可以有效提高计算的收敛速度，防止问题的发散。

4.6.7 计算实例

一般可以认为市场需求在一定需求量的情况下上下波动,可简化为:

$$r(t) = const + chang\_function(t+nT), 0 \leqslant t \leqslant T \tag{4.22}$$

其中,$r(t)$是需求率;const 是基准需求,可以是线性函数或常数;chang_function$(t+nT)$是需求波动函数,t是时间变量,T是波动周期。为了简便,这里设 const 为 1,chang_function$(t+nT)$为 $\sin\left(\dfrac{t}{T}4\pi\right)$,则需求率是

$$r(t) = 1 + \sin\left(\frac{t}{T}4\pi\right), 0 \leqslant t \leqslant T \tag{4.23}$$

如图 4.10 中的虚线。

单位时间生产费用函数为

$$c(z) = cz \tag{4.24}$$

单位时间生产率改变函数为

$$g\left(\frac{\mathrm{d}z}{\mathrm{d}t}\right) = k + w\left|\frac{\mathrm{d}z}{\mathrm{d}t}\right| \tag{4.25}$$

单位时间存储费用为

$$l(y) = \begin{cases} hy, y \geqslant 0 \\ s(-y), y < 0 \end{cases} \tag{4.26}$$

参数设置为:$T=100, c=50, w=20, k=100, h=3, s=10$,初始库存水平为 $y(0)=0$,pop_size$=10$,变异率 pmz$=0.4$,基于等级的评估函数 $a=0.1$。

求解过程如下:

1)前处理

为了将需求规范到$[0,1]$区间,设

$$r'(t) = 0.5\left[1 + \sin\left(\frac{t}{T}4\pi\right)\right], 0 \leqslant t \leqslant T$$
$$r(t) = 2r'(t), t \in (0,1] \tag{4.27}$$

计算极点并剔除不可用点后得 $n=5$。

对于目标函数中的第二项,因为将生产速率 z 设为阶梯函数,在每次生产速率改变时 $\left|\dfrac{\mathrm{d}z}{\mathrm{d}t}\right|=1$,为了简化运算,将其单独积分,不参与遗传算法的运算。只在最后结果上加入目标值。

这样遗传算法的目标函数可简化为

$$\max(-J(z)) = \int_0^T -\left[c(z(t)) + l(y(t))\right]dt \qquad (4.28)$$

2）初始化

对规范化过的需求和生产速率及其持续时间随机产生初始的种群，初始的种群的大小为 10，附加目标函数值（中间计算结果，并非真正的目标值），构成了 11×10 的矩阵。

Initialize Population 初始的种群为：$[t_1, t_2, t_3, t_4, t_5, z_1, z_2, z_3, z_4, z_5, -J]$。

Columns 1 Through 7

0.8888	0.9630	0.4017	0.1219	0.4751	0.6735	0.4166
0.0030	0.7355	0.6870	0.9802	0.8126	0.6272	0.2888
0.0858	0.5431	0.8622	0.6373	0.3867	0.1806	0.0717
0.1006	0.8300	0.7688	0.6733	0.8255	0.9342	0.2205
0.4021	0.0454	0.1937	0.3586	0.8867	0.6495	0.5820
0.5779	0.8214	0.5235	0.6295	0.1105	0.5349	0.0250
0.2016	0.2093	0.5303	0.2130	0.0873	0.4296	0.7888
0.0980	0.3935	0.2682	0.4465	0.4689	0.2675	0.9437
0.7927	0.1339	0.1681	0.8248	0.3008	0.1333	0.3257
0.1586	0.1022	0.3649	0.0239	0.8875	0.1566	0.4444

Columns 8 Through 11

0.6264	0.3874	0.3620	−7.3780
0.3448	0.3075	0.8245	−8.9368
0.9870	0.5066	0.0835	−8.5083
0.5363	0.3259	0.5887	−8.7289
0.3578	0.7540	0.1749	−7.8411
0.4017	0.6907	0.1976	−8.4035
0.4889	0.9866	0.8430	−7.1831
0.3556	0.5582	0.8056	−6.4604
0.8457	0.2136	0.9613	−9.1193
0.9449	0.6516	0.3404	−7.8192

3）计算结果

在 64MB 内存的 PⅢ 微机上历时 15 分钟，经过 200 代的进化运算，得到的最优解为：

200 代中结束时的种群为:$[t_1,t_2,t_3,t_4,t_5,z_1,z_2,z_3,z_4,z_5,-J]$。

$1.0e+003A$,A 中包含的最优解为:

{1.80004 1.9207 25.75006 1.55000 19.0102 0.5001 22.2000
1.4704 31.24 0.54}

在 200 次迭代中最好目标值是 2260.002746,最好生产能力规划具有五次生产改变,如图 4.11 所示。

$$\min(J(z))=2260.002746$$

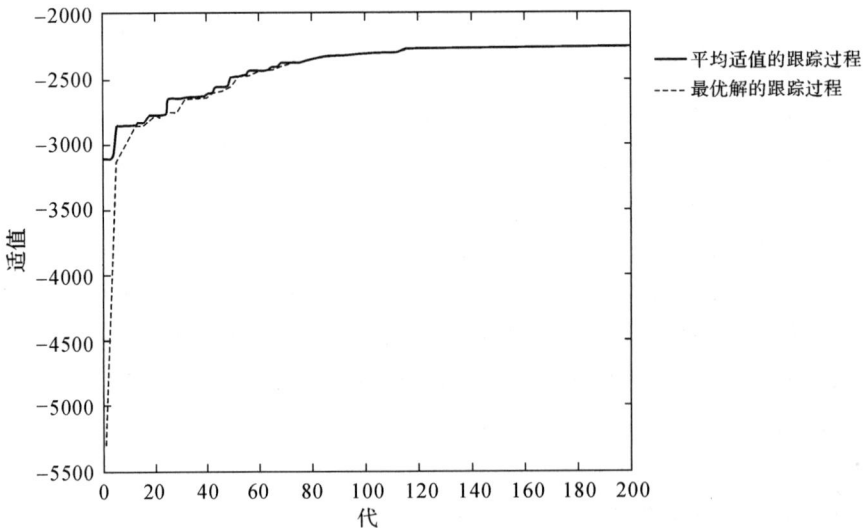

图 4.11　遗传算法进化过程

4.7　小　结

(1)提出了一种适合虚拟企业特点的任务分解法,提高了项目分解的效率。

(2)提出了一种过程框架的方法以解决任务的集中和分布控制问题。

(3)建立了一种支持项目管理的工作流管理系统来驱动项目管理中的任务执行。

(4)提出动态关键路径任务调度方法和并行的任务执行策略。

(5)基于遗传算法对项目规划问题进行了研究。

5

支持虚拟企业过程集成的信息框架

5.1 引　言

　　虚拟企业的过程集成和项目管理涉及合作企业内部的各个领域,虚拟企业的高效运营需要敏捷的信息系统支持合作企业内部和企业之间的大量的协调和协作,这些都使建立集成经营管理、产品开发、制造和后勤等多层次、全方位的虚拟企业信息框架(Virtual Enterprise Information Frame,VEIF)成为迫切需求。

　　VEIF 将解决虚拟企业分布异构应用系统的集成问题,保护合作企业原有信息化投资,消除合作企业内部和相互之间信息传输和交流的障碍,为虚拟企业运作过程的建模、集成和运营提供信息支持,提高虚拟企业的运作效率。

　　为了满足虚拟企业动态、分布、异构等特点,VEIF 的设计应考虑的因素有开放性、集成性、可重构性、可重用性、伸缩性、保护已有的投资、安全性和标准化等。其集成策略如下:

　　(1)基于 CORBA 封装技术实现分布异构的应用系统之间在代码层次上的集成;

　　(2)基于 Agent 封装技术实现分布异构的应用系统之间在知识层次上的集成;

　　(3)基于联合意向构建支持虚拟企业运营的 MAS;

　　(4)基于 CORBA 和 MAS 实现虚拟企业的应用集成框架。

5.2　虚拟企业信息框架及其关键技术

　　虚拟企业信息基础可分为三个层次：基础层、使能层和应用层，如图 5.1 所示。基础层是由 Internet/Intranet 网络、数据库系统等构成的分布计算环境；使能层为 VE 提供开发和运行环境；应用层是面向用户的应用系统。VEIF 位于应用层，它将应用层划分为应用系统层、CORBA 对象层、Agent 层和 MAS 层。应用系统层主要包括分布异构的 ERP、MES、PDM 等应用系统。CORBA 对象层通过对应用系统的封装实现其在分布异构环境下的对象互操作。Agent 层通过对CORBA 对象的能力封装实现应用系统的语义互操作。MAS 层通过基于联合

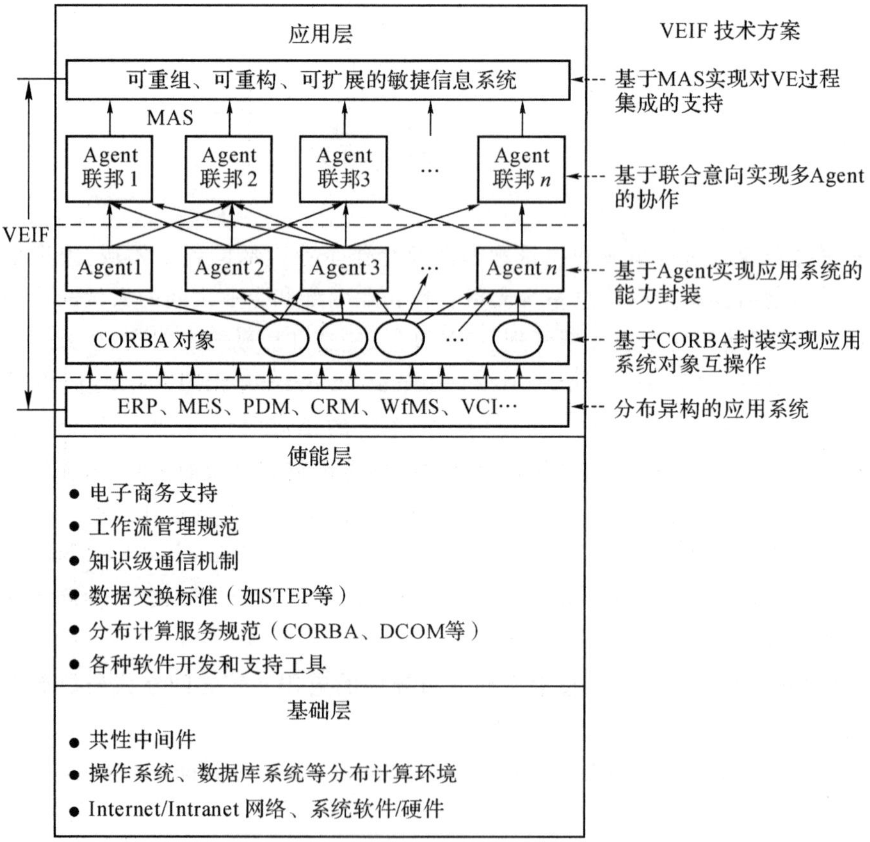

图 5.1　虚拟企业信息基础

意向的 Agent 联邦支持虚拟企业的协调和协作。VEIF 就是由虚拟企业内分布异构的应用系统、CORBA 对象、Agent、Agent 联邦逐层封装而形成的信息框架。

在 VEIF 中,核心的问题是随着动态联盟的组成和解散如何快速地完成信息系统的重构,即如何采用有效的方法和技术,实现对合作企业信息系统的集成和重构,保证合作企业内部和之间的信息畅通。其次是多种异构资源的优化利用问题,在跨企业的生产计划调度和资源控制方面,联盟内各企业的信息系统往往是异构的,如何有效地利用这些资源,支持它们之间的协同工作是 VEIF 必须解决的关键问题。

统一的 VEM 技术、分布计算技术、对应用系统的封装技术、软件系统的可重构技术是 VEIF 解决上述问题的关键技术。本书采用 VEMM 作为统一的 VEM 技术,建立了虚拟企业的集成化多视图模型,保证了虚拟企业过程模型、功能模型、组织模型、资源模型和信息模型的相关一致性。下面主要研究其他三种技术。

5.3 基于 CORBA 的应用系统封装

虚拟企业中各企业内部的应用系统大多没有遵循 CORBA 规范开发,要使它们能够通过基于 CORBA 的中间件服务系统进行互操作,首先应对其进行对象建模鉴于 VEIF 主要实现各应用系统间的数据共享和互换,所以并不需要对应用系统的所有数据建模,而只需对各应用之间共享或互换的数据进行对象建模即可。其次,在对象模型的基础上,根据 CORBA 规范对各应用系统进行封装,形成对象适配器,使中间件服务系统能够通过对象适配器获知应用系统所能提供的功能。

CORBA 是一个很好的分布式对象平台,它使应用系统可以在不同的网络中、不同的操作系统上顺利运行,可以跨越不同语言、不同组件的边界而畅通无阻。CORBA 封装原理如图 5.2 所示,假如将 Server(盟主企业的 VCI 平台)进行对象封装后,该对象经 IDL(Interface Definition Language,界面定义语言)编译生成 Server 端接口(Skeleton)和 Client 端接口(Stub),将 Stub 发布给 Client(伙伴企业的建模系统 VEM)。这样,分布在两地的 Client 和 Server 就可以通过 ORB 进行协作了。如果伙伴企业进行了过程重组,它想知道是否该过程模型能够使虚拟企业整体价值链最优,就可以通过 ORB 直接调用 Skeleton

提供的 IDL 接口函数来启动 VCI 仿真工具进行仿真。

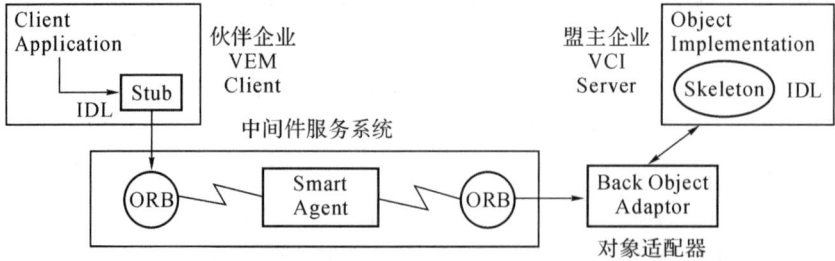

图 5.2　CORBA 封装原理

通过封装现有的应用系统,可以建立 VEIF 的分布式 CORBA 对象基础,从而实现虚拟企业中各异构应用系统的分布式互操作,保护原有信息投资。CORBA 机制虽然很好地解决了虚拟企业应用系统在分布异构环境下的互操作问题,但在处理运营过程中大量的协调和控制却有明显的不足,究其原因主要是CORBA 封装是通过 IDL 来实现的,是建立在开发者对 IDL 的共同理解的基础上的,而 IDL 本身并不具有知识表达和功能描述的语义,需要辅助的文档来说明。因此,CORBA 封装只能实现代码级集成,没有上升到语义的高度,无法支持应用系统在知识层次上的语义互操作。

5.4　基于 Agent 的 CORBA 对象封装

Agent 是能为用户执行特定的任务,具有一定程度的智能,能自主执行部分任务并以一种合适的方式与环境相互作用的实体。由于 Agent 具有自主能力、与其他 Agent 交互的社会能力、对环境变化的响应能力和基于意向主动采取行动的能力,因此它正好弥补了 CORBA 的不足。Agent 的功能模块如图 5.3所示,其中,感知器能够感知环境的变化;推理机以感知到的内容作为输入,以知识库中的规则作为推理依据,以推理的结果驱动操作器来执行业务处理。

应用系统封装后 Agent 能很好地支持虚拟企业的过程集成,它可以通过改变知识库中的规则集来适应虚拟企业的过程重组,而不需要对代码进行修改和重新编译。例如,销售商与盟主企业过程集成后消除了到货质量检验环节,这只需在库存管理 Agent 的知识库中加入以下规则,便能适应业务的变化:

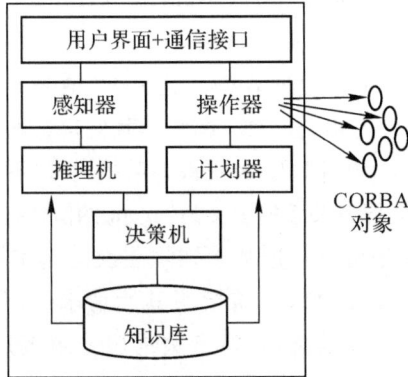

图 5.3 Agent 的功能模块

```
if  送货 Agent. 制造商(商品)＝盟主企业    then
      收货 Agent. 入库(商品)
else  if  质检 Agent. 检验(商品)＝true    then
              收货 Agent. 入库(商品)
              else  退货 Agent. 退货(商品)
```

Agent 对应用系统封装表现为对应用系统的 CORBA 对象进行封装。因为 Agent 处理业务的功能可由 CORBA 对象完成,所以,Agent 对 CORBA 对象的能力封装就是将操作器中的执行函数映射到 CORBA 对象的 IDL 功能接口上,通过 ORB 调用 CORBA 对象对外提供功能服务。下面对 Agent 的功能服务进行描述。

【定义 5-1】 Service：＝Service_id $\bigcup$ Operation；Operation：＝$\{Op_1 \bigcup Op_2 \bigcup \cdots \bigcup Op_i \cdots\}$

Agent 的功能服务由服务唯一标识和私有操作集组成。通过私有操作集可以调用 CORBA 对象来完成一定的功能。

【定义 5-2】 Service_Interface：＝$\{$Service_id, Set(Attribute), Set(Op_Interface)$\}$

Op_Interface：＝$(F; x_1, x_2, \cdots, x_n; y_1, y_2, \cdots, y_m)$

Agent 对外提供的服务接口由服务唯一标识、可访问的属性集和接口操作集组成。其中,F 是操作的名字;$x_1, x_2, \cdots, x_n$ 是输入参数的类型;$y_1, y_2, \cdots, y_m$ 是输出参数的类型。为了维护系统的 RRS 性能,客户应用只能通过访问属性集和接口操作集来得到所需服务。

【定义 5-3】 $\{$Service_Relation：＝$\{$Service, Related_Services$\{$Service_

$Instan\,ce\}\}\}\subset\{Equal,Super,Sub\},Related\_Services\{Service\_Instance\}:=$
$\{Service\_Instance_1,\cdots,Service\_Instance_i,\cdots\}$

Agent 对外提供的服务是通过 Agent 创建一个或多个活动的服务实例来进行的。服务之间的关系可分为相同、子集、超集。我们定义两个服务 A、B,如 A 和 B 可相互完全替换,那么 A、B 相同;如 A 可被 B 替换,反之不然,则 A 是 B 的子集;与子集相反的关系为超集。服务关系的定义为 Agent 的协作打下了良好的基础。

能力封装的优点在于可以处理基于知识层次的请求,表现在客户 Agent 不需要知道 IDL 代码层次的函数,只需指明其所请求的服务便会有相应的管理 Agent 来对服务进行查找和匹配,提供合适的服务给客户 Agent。在没有相应服务的情况下,管理 Agent 甚至会与其他 Agent 进行协商和协作,共同完成客户 Agent 的服务请求。可将能力封装看作各应用系统在知识层次上的集成,可以通过三种方式完成信息系统的重构:① 替换失效的 CORBA 对象以适应 Agent 的变化;② 将 Agent 的私有操作映射到其他 CORBA 对象;③ 改变 Agent 自身的知识库和状态以及与其他 Agent 协作。

5.5 基于联合意向的多代理系统

VEIF 所要解决的虚拟企业实际问题的复杂性及其对处理的速度、可靠性、灵活性以及软件模块化的要求决定了它不能由单个 Agent 来求解,只能通过多代理协作来支持虚拟企业的运营。MAS 由多个 Agent 组成,通过 Agent 本身的求解活动和彼此的交互活动构成系统的群体活动,实现系统整体的功能和目的(联合意向)。如果以虚拟企业机遇产品为 MAS 的联合意向,那么,MAS 在复杂、动态环境下的相互交互能很好地解决虚拟企业过程集成中的协商和协作问题。

5.5.1 虚拟企业中 MAS 的建立

联合意向是多个 Agent 为了完成某项任务而具有的共同意向,它是各 Agent 协作的思想基础。具有联合意向的 Agent 集合形成 Agent 联邦,通过一个局部的管理 Agent 来进行联邦内各 Agent 之间的调度和管理;相关 Agent 联邦又通过更高级的联合意向构成更高级联邦。Agent 联邦上一级对下一级负责,构成递阶联邦式结构。

本文采用面向联合意向的合同网(见图 5.4)来建立 Agent 联邦。合同网利用任务公布方式和招标—投标—中标机制,通过 Agent 相互协商来解决分布的、适应性的任务分配问题,其主要特征是在各 Agent 间共享任务和执行结果。虚拟企业中所有的合作伙伴都可被视为合同网中的 Agent 节点,整个虚拟企业可视为 Agent 社会。虚拟企业将机遇产品的设计、生产、销售等项目分派给各 ET,在 ET 内部负责招标工作的管理器 Agent(ET_Administrator)将项目分解为多个待解决的问题并公布。与市场策略相类似,本项目组内每个对这些任务感兴趣并有权申请的 Agent(IT)都可以参与投标。为了尽可能利用有竞争力的 Agent,将任务最终交付给当前最适合处理该任务的 Agent,需要有一个能力评价 Agent(虚拟企业内的监控 Agent、统计 Agent 或专家系统)来对各投标 Agent 进行能力评估,当投标 Agent 通过能力评估而中标后,基于同一意向的所有中标 Agent 组成 Agent 联邦。根据分布自治的特点,中标 Agent 也可以将任务重新分解后进行招标,如某部件设计 Agent 可以将部件设计任务分解为部件造型设计、部件工艺设计、部件结构设计等子任务以吸收其他 Agent(BOU 或设计人员)共同协作来完成该设计任务。不管 Agent 位于何处,完成设计任务这个共同的联合意向都是联结有关 Agent 进行协作的纽带。经过协商、交互、提交和确认几个回合,中标的 Agent 或 Agent 联邦给出满意的解决方案后,由于联合意向已完成,Agent 联邦也自动解体。合同网合作过程与动态联盟的建立过程一样,因此,以联合意向为主线去定义合作企业之间的协同工作,可以清晰描述虚拟企业的合作体系结构。

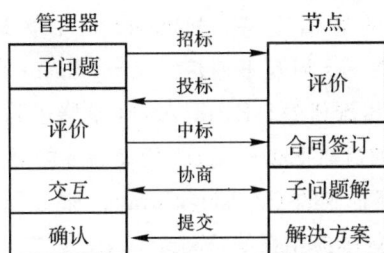

图 5.4 面向联合意向的合同网

5.5.2 虚拟企业中的活动分解与分担

虚拟企业内的合作体系表现为对活动的逐层分解与分担,它是通过面向联合意向的合同网方式来实现的。从分布式计算的角度来看,可以把合同网中 Agent 对任务的分解、分担和执行等看作计算活动,这些活动是由招标、投标和中标等事件触发的。合同的发布、确认和完成状态代表了 Agent 所处环境的变化。因此,根据 Agent 在合同网中的表现可以将其定义为以下十元组。

【定义 5-4】 Agent(Intentions,Events,Environment-Changes,Assigning,Activating,Detecting,Activities-Intentions,Activities-Events,Activities-Environment,Constructor)

Events:△Intentions	//Events 产生于 Intentions 的变化过程
Environment-Changes:△Intentions∪Events	//Intentions 的执行和 Events 的发生导致了 Environment-Changes 的发生
Assigning:Intentions→Activities-Intentions	//由 Intentions 分派的计算活动集
Activating:Events→Activities-Events	//由 Events 激活的计算活动集
Detecting:Environment-Changes→Activities-Environment	//由 Environment_Changes 触发的计算活动集
Constructor:(Message,Converting,Gathering,Transmitting)	//Agent 转换、采集、发送信息的能力

Agent 的互操作通过 Constructor 实现,以便把每个分派的子活动传送给有意向执行的 Agent,并把活动执行过程中产生的事件传送给适当的 Agent。

基于联合意向,承诺分担计算活动的多个 Agent 结成联邦,可定义为以下四元组。

【定义 5-5】 Agent_Federation(Manager,Intra_Agent,Extra_Agent,Constructor)

它包括一个 Manager(作为联邦管理 Agent),若干 Intra_Agent(≥0)和 Extra_Agent(≥0),并有相应的通信支持。Manager 集中管理联邦内的协同工作,Intra_Agent 间和 Extra_Agent 间互不通信。Intra_Agent 隶属于 Manager,Manager 可以直接向 Intra_Agent 指派任务。Extra_Agent 隶属于其他 Manager,它是联邦的临时成员,Manager 只有通过与 Extra_Agent 协商后才能对其分派任务。一般来说,如果 Manager 对应于伙伴企业的 IT_Administrator,那么 Intra_Agent 对应于伙伴企业内部的 ERP、MES、PDM 等应用系统,Extra_Agent 对应于其他合作伙伴内部的具体应用系统,如 ASP 通过网络提供的有限元分析、动力学仿真、流场计算等计算服务,这些 Agent 需要伙伴企业通过与 ASP 协商后才能获得。

Agent 联邦、Agent、计算活动和联合意向构成对虚拟企业内合作体系的逐层精化描述:

(1)活动分解。Agent 通过联合意向可分解出若干活动,而承担这些活动的 Agent 又可通过相应的联合意向把它们分解为子活动,如此反复,从而清晰地刻画出计算活动的逐层分解结构(见图 5.5)。

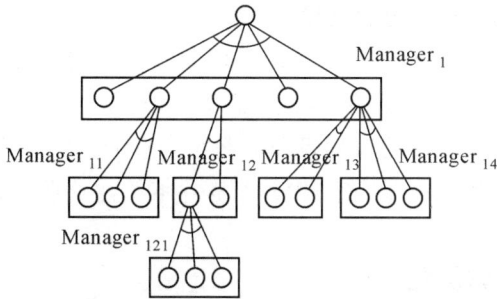

图 5.5 可能的活动层次结构

注:圆圈指示基本活动;方框指示由承担复合活动的 $Manager_i$ 分派的子活动。

(2)活动分担。Agent 联邦的 Manager 依据联合意向集中管理活动的分派,而有意向承担活动的 Agent 联邦又可依据相应的联合意向集中管理子活动的分派,从而清晰地刻画出计算活动的逐层分担结构(见图 5.6)。对于联邦内部的 Intra_Agent,Manager 可以不经协商将活动分派给它;但对于 Extra_Agent,则需要经过协商,若协商成功,则 Extra_Agent 将作为联邦内的临时 Agent 并承担相应的活动。

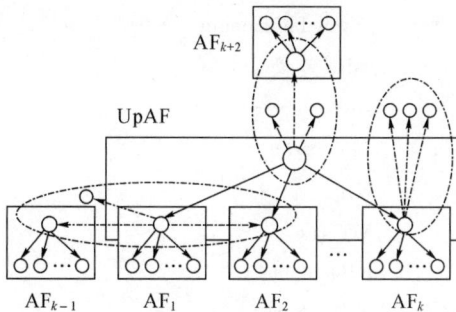

图 5.6 简单的 Agent 社团

注:UpAF 表示上层联邦;AF_i 表示下层联邦;实方框表示联邦;

虚线椭圆框表示联邦间的协作;大圆圈表示 Manager;小圆圈表示普通 Agent;

联邦外的单一 Agent 可视为蜕化的 Agent 联邦。

通过联合意向,VEIF 为活动的逐层分解和分担建立了可清晰描述的纽带。MAS 体系结构的透明描述体现在每个层次都不必涉及下层子活动的实现细节,而仅将注意力集中在计算活动的分解和分担。活动分解实际上可被看作项目任务分解的抽象,项目任务分解的过程也就是 Agent 联邦的建立过程。活动分担实际上可被看作项目任务分派的抽象,工作流管理系统对项目任务的分派过程也就是 Agent 进行活动分担的过程。

执行基本活动的 Agent 通过接口调用分布计算环境下的常规软构件（如 CORBA 对象）来完成计算活动。由前面 Agent 的能力封装可以将计算活动映射到由 CORBA 对象 IDL 接口的操作函数上，从而使 MAS 体系结构能无缝地建立在分布对象技术基础上，而 MAS 本身并不关注这些软构件的建立。

5.5.3　语义互操作

在 MAS 中通过消息机制进行通信，为了支持 Agent 通过消息进行合作，必须解决 Agent 之间的语义互操作问题，VEIF 应提供以下支持。

1）共同的 Agent 通信语言/通信内容格式

VEIF 采用并扩展美国 ARPA 知识共享项目提出的 KQML/KIF（（Knowledge Interchange Format，知识交换格式）作为 Agent 通信语言和通信内容格式。下面是一个 KQML 消息的例子，其中销售代理 Agent-Sales 向库存服务器 Stock-Server 询问仓库 A 可用库存的数量：

```
(ask-one
        :content        (available amount   A? x)
        :sender         sales
        :receiver       stock-server
        :replay-with    123456789
        :language       KIF
        :ontology       VE-sale
        :intent         ddbh_00001
        //扩展的联合意向（订单编号）
```

2）共享本体论

共享本体论（Ontology）是 Agent 间达成理解的一组共享词汇，它像一本 Agent 间的字典，保证同样的概念、对象或实体在不同的应用中有唯一的意义。例如，它可以保证 Agent 之间对"买""购买""buy"等谓词的理解具有一致性。

在 VEIF 中拟采用 KSE（Knowledge Sharing Effort，知识共享组织）提出的 Ontolingua 本体及支持工具来开发和维持共享本体论。因为该工具以 KIF 作为本体论定义语言，保证了实现技术的一致性。考虑到真实世界的复杂性，为所有异构 Agent 建立统一的共享本体论有很大困难，而面向活动分担的联合意向，使共享本体论的需求可以限制在联合意向涉及的 Agent 范围内（联邦的

Manager，相关 Intra_Agent 和 Extra_Agent)和收发同一事件的 Agent 之间，以减少定义共享本体论的困难。如果项目字典包含合适的语义描述，那将对共享本体论的建立有很大的参考作用，甚至可以直接转换为 MAS 中统一的共享本体论。

这里强调在同构 Agent 内部建立统一本体论，而在具有联合意向的异构 Agent 之间则仅在受限的本体论共享范围内建立共享本体论。如图 5.7 所示，每个 Agent(A 和 B)都有对共享本体论的适配器，当对异构 Agent(A)提出请求(Ontology1)时利用适配器的功能将请求转化为共享本体论(Ontology2)并发出，异构 Agent(B)接收到请求后先经过适配器转化成本地本体论(Ontology3)，然后进行处理后将结果经适配器发给请求 Agent(A)。

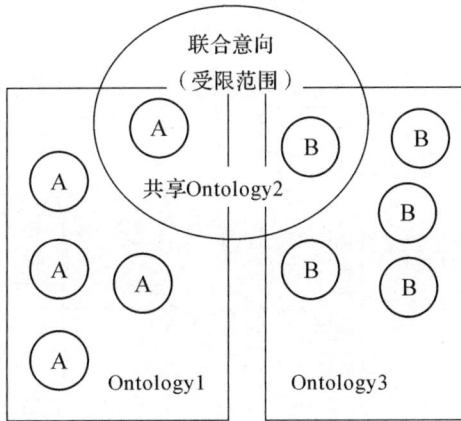

图 5.7　共享本体论极其受限范围

5.6　MAS 在虚拟企业中的应用及其关键技术

采用一致的交流语言、一致的内容语言和共享本体论，Agent 能以同样的行为、同样的语法和同样的世界观来相互交流。至此，可以建立基于 CORBA 和 MAS 的集成框架 VEIF(见图 5.8)。它是一种以 CORBA 为软总线，以 Agent 为大、中粒度的主动型软构件的软总线/软构件框架。VEIF 支持在 CORBA 对象基础上建立分布式 MAS，使异构 Agent 具有即插即用的特点，这将大大提高虚拟企业信息系统的协作效率和可扩展性，便于虚拟企业灵活组织和动态重组，为各合作企业之间实现信息交流、协调与协作、数据交换与共享，提供强有力的技术支撑和保障。

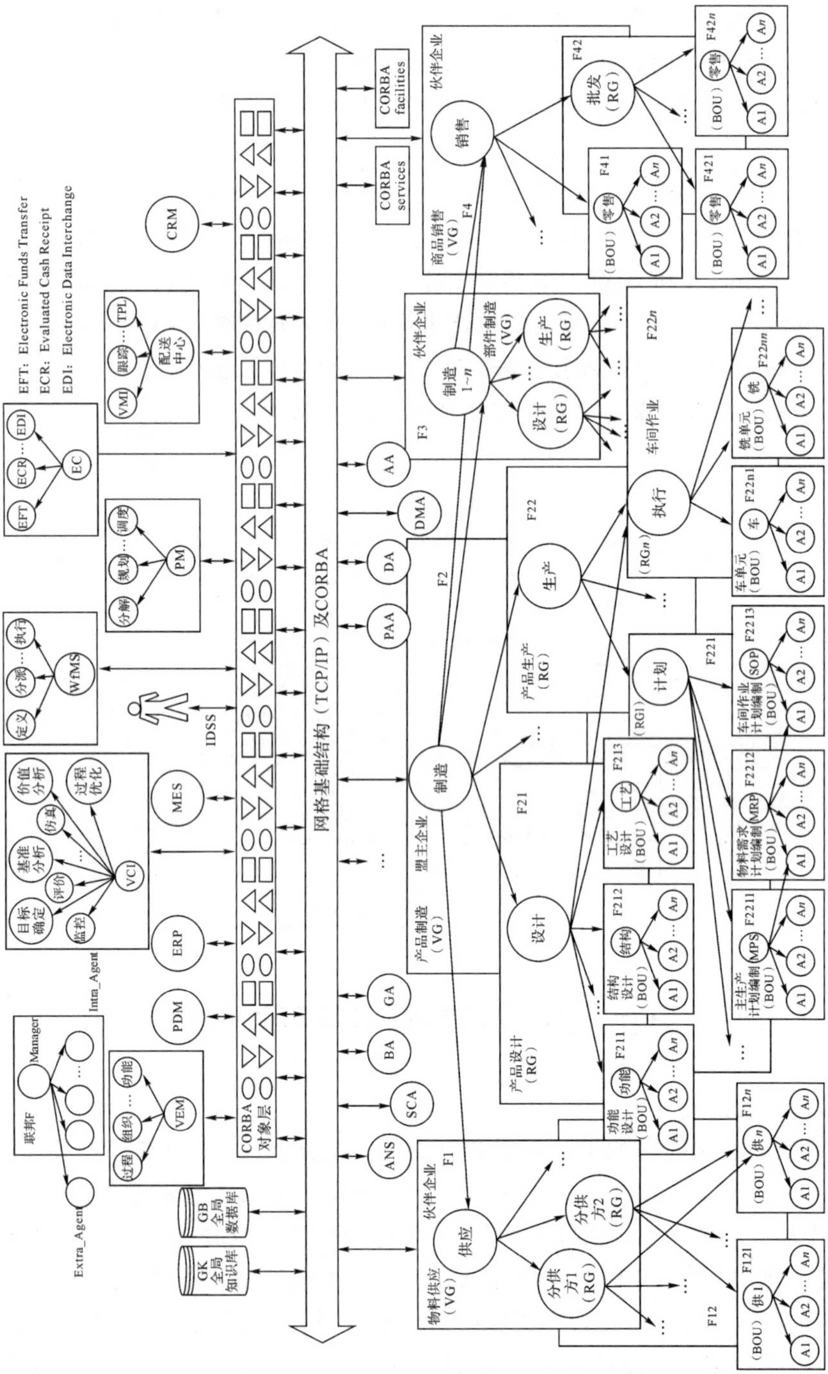

图5.8 VEIF集成框架

5.6.1 MAS 对过程集成的支持

在 VEIF 信息框架中,软总线以上部分为各企业的应用系统(如虚拟企业建模系统、价值链集成平台、项目管理系统、工作流管理系统等)和对其进行 CORBA 封装后形成的 CORBA 对象层,各应用系统经过封装后也进化为相应的大粒度软件 Agent。从广义的概念上讲,人也可以作为一种组织 Agent 集成到 VEIF 中。这样,我们就能用各种 Agent 构建广义的 MAS 来对虚拟企业过程集成进行支持了。例如,虚拟企业建模工作由盟主企业的建模代理(包括过程建模代理、组织建模代理等)与伙伴企业的建模代理共同协作完成;虚拟企业的过程集成工作则由目标过程分析代理、基准分析代理、价值分析代理、过程优化和过程仿真代理等共同协作完成;虚拟企业的运营由 PDM、ERP、MES、CRM、EC、配送中心、IDSS、PM、WfMS 等代理以及各组织代理(ET、IT、BOU 等)组成的分布式人机一体化 MAS 来共同协作完成,其中项目管理 PM 代理和 WfMS 代理紧密结合来对整个运营过程进行控制和协调。

软总线以下部分为虚拟企业运营过程中的由各企业以联合意向为纽带动态组织的 MAS 系统。根据虚拟企业的组织特点,MAS 从上到下基本上分为四层:ET 层、IT 层、BOU 层和执行层。该结构既保留了部分递阶控制的特点,同时又强调各级 MAS 之间的互相协作。

由于各 Agent 是以联合意向为纽带来组成 Agent 联邦的,而联合意向在虚拟企业中常表现为功能模型中的功能。因此,从虚拟企业过程集成的角度来看,各 Agent 之间的协作应与过程的层次及其完成的功能密切相关。

1)ET 层

由供应、制造和销售 Agent 跨企业协作来完成机遇产品价值的实现。该层偏重于企业间的横向集成。

2)IT 层

该层偏重于企业内的纵向集成。

(1)分供方 Agent 相互协作来保证虚拟企业物料供应服务质量并降低供应成本;分销商 Agent 与 CRM 代理紧密协作来实现销售渠道的畅通无阻,提高商品销售服务质量;合作企业中的所有设计由设计 Agent 与 PDM 软件 Agent 紧密协作来完成。

(2)计划 Agent 与 ERP 软件 Agent 紧密协作来实现价值链上企业资源计划的制订。

(3)执行 Agent 与 MES 软件 Agent 紧密协作来实现生产的计划层和执行层的连接。它向计划 Agent 提交周期盘点次数、生产能力、材料消耗、劳动力和生产线运行性能、在制品的存放位置和状态、实际订单执行等涉及生产运行的数据,向 BOU 和执行层控制系统发布生产指令及有关生产线运行的各种参数等。它在整个生产过程中起到承上启下的作用,同时接收计划 Agent 的中长期计划、BOU 与执行层 Agent 的现场采集数据和设备实际运行状态信息。

3)BOU 层

主要由组织 Agent 联邦来完成实际的业务处理,其结构相对稳定。

(1)分供方 BOU 层 Agent 主要负责生产物料或组织货源。

(2)分销商 BOU 层 Agent 主要是一些零售网点,负责货物的直接销售和进货。

(3)设计 Agent 包括产品功能设计、产品结构设计和产品工艺设计等各专业 Agent。它们通过并行工程使产品一次性设计成功,并将设计提交给生产 Agent 和执行 Agent,包括 BOM、图纸、工艺文件等。

(4)计划 Agent 包括主生产计划、物料需求计划和车间作业计划等各专业 Agent,由它们来完成价值链上的中长期计划和某些短期计划、异常计划等,并将生产计划提交给执行 Agent。

(5)执行 Agent 包括车、铣、刨、磨等生产单元 Agent 和质量管理 Agent,它们将按生产计划和 BOM、图纸、工艺文件来组织完成任务所需的人、物料和设备等。

4)执行层

主要由底层的执行 Agent 来进行业务处理,包括设计员、计划员、工人、设备和执行程序等。

除了以上四层,还有以下全局的 Agent 来支持虚拟企业的过程集成和运营。

(1)项目管理 Agent 对这四层 Agent 进行分层次、分重点的统筹规划和任务分解。它与工作流管理 Agent 紧密协作,由工作流管理 Agent 对分解后的任务进行分派和监督执行,并将执行情况反馈给该项目管理 Agent,使项目管理 Agent 从底层任务跟踪的细节中解脱出来,把主要精力放在项目总体进度控制上。

(2)配送中心 Agent 负责虚拟企业所有的运输任务和库存管理工作,包括 VMI 软件 Agent、货物跟踪 Agent,也可以把 TPL 视为一个运输 Agent。

(3)EC 软件 Agent 为虚拟企业资金流的快速流转提供支持,主要实现电子商务。

(4)VEM 和 VCI 软件 Agent 为过程集成提供方法和工具,支持虚拟企业过程的快速重组和优化,实现价值链的整体最优,并为项目管理和工作流管理 Agent 提供模型和仿真支持。

(5)IDSS 是一个人机一体化智能平台,可将其视为一个决策 Agent。它为所有的 Agent 提供智能决策,支持并完成市场预测任务。GK(Global Knowledge,全局知识库)和 GD(Global Database,全局数据库)为所有 Agent 提供全局的知识和数据,并内置黑板,将其作为 Agent 间交互和中间数据存储的场所。

为了实现 VEIF 对虚拟企业过程集成的以上支持,必须解决 MAS 的信息交流、协调与协作、数据交换与共享、协作环境的建立等问题。

5.6.2 MAS 的信息交流

VEIF 体现了集中和分布相结合的控制思想,如 VCI 平台是面向整体价值链的应用系统,它通过软总线对各 MAS 进行集中控制和协调。而盟主企业内的生产则多为分布式控制,它通过内部的计划、执行以及与其他 MAS 的协调完成。只有在必要的时候,生产 Agent 才通过软总线与伙伴企业进行协商。

基于集中和分布相结合的控制思想,MAS 中 Agent 间的信息交流采取两种方式,一种是集中式的共享黑板,根据应用领域和层次的不同,共享黑板被划分为不同的区域,如建模区、设计区、推理区和监控区等。对相对重要的信息,如项目管理中的过程框架,将黑板的监控区作为中间结果、全局知识和数据的存储器,保证长事务的 ACID[Atomicity(原子性),Consistency(一致性),Isolation(隔离性),Durability(永久性)]。黑板也常用作项目进度控制和各种性能指标的监控信息存储场所,各 Agent 可直接访问黑板读写数据,以黑板为媒介进行通信。另一种是通过相互传递消息以进行信息交流,消息传递工作由各 Agent 的 Constructor 完成,Constructor 定义能发送和接收的消息类型及其数据格式并负责消息的采集、转换和发送。所有消息都必须采用统一格式编码,拥有唯一 ID 号,可以根据虚拟企业的需要对 KQML 消息进行扩展(李斌等,1999)。

5.6.3 MAS 的协调与协作

MAS 采用基于联合意向的合同网方式来支持虚拟企业运营过程中的协调与协作,其原理为招标—投标—中标机制,其具体实现表现为 Agent 间功能的相互调用。

Agent 间功能的相互调用需要由多个管理 Agent 联合进行,Broker Agent(BA)就是其中比较重要的一个,它通过知识库中的协调规则来处理 Agent 之间的协作。BA 在某种程度上就像一个动态的 Switch Hub 或交换机,它注册 Agent 所能提供的服务和所要请求的服务,并且动态地将可用的服务连接到正在发生的请求上。Agent 通过发送给 BA 一个包含 Advertise 行为的消息来注册它们可提供的服务;同样,Agent 通过发送给 BA 一个包含 Recommend 行为的消息来注册它们所请求的服务。在这两种情况下,指定服务的描述体现在消息的内容上。在应答请求消息时,BA 将发送已经声明能提供所需服务的 Agent 的名称给请求 Agent,或在当前的服务不能满足请求时发出 Sorry 消息。另外,如果客户 Agent 的请求非常重要且在本地服务接口库中没有合适的服务满足客户 Agent 的请求,BA 将和其他 BA 相联系、协商和合作,将 Service_Interface 的描述转交其他 BA 处理。BA 为 Agent 之间的协作建立起必要的公共设施,对 Agent 之间的协作起到管理、调度的作用,BA 一般担任 Agent 联邦中的 Manager 角色。为了适应 Agent 的异构性和互操作性,我们对 BA 的基本功能函数给出以下定义:

(1)接收服务 Agent 注册的服务注册函数:

intservice_register(char * * service_interface)

Advertise 消息的内容应能解析为函数 Service_Export,这样 BA 就可以将 Service_Interface 的内容存入服务接口库备用了。

(2)接收客户 Agent 请求的服务请求函数:

int require_register(char * * service_interface)

Recommend 消息的内容应能解析为函数 Service_Import,这样 BA 就可以根据 Service_Interface 的内容查找服务接口库了。如果服务接口库中的服务因空闲而挂起,BA 通过 Service_Invoke 函数来启动该服务,in、out 分别为输入、输出参数。

int service_invoke(int service_id,char * operation,char * in,char * out)

服务 Agent 被调用后通过其本身 int Service_Run()函数的执行而处于激活状态,等待客户 Agent 请求。

(3)通常情况下,请求 Agent 提供的 Service_Interface 名称与服务 Agent 提供的 Service_Interface 名称会不同,但两个 Service_Interface 指定的服务是相同的。更多情况下,不同 Agent 提供的服务之间可以相互替换。尽管有共享本体论的支持,这种情况也可能经常存在。为了充分利用各 Agent 的服务、平衡各 Agent 间的负载以提高系统效率,BA 还应具有以下函数来对服务接口库中的各服务之间的关系进行增、删和查询管理。

int service_relation_add(int service_id$_1$,int service_id$_2$,int relation)

int service_relation_delete(int service_id$_1$,int service_id$_2$,int relation)

int service_relation_query(int service_id$_1$,int service_id$_2$)

5.6.4　MAS 数据交换与共享

MAS 协调与协作需要进行大量的分布式异构数据的互访与交换。数据交换与共享采用客户/服务器方式,在 Agent 间交换与共享的大量数据都通过数据库服务器来进行。客户 Agent 向它要求提供服务的服务器 Agent 发出数据服务请求,ORB 则为客户 Agent 查找和定位到该请求所标识的服务器 Agent,并将请求传送给它。服务器 Agent 在接到请求后,首先进行解码,然后再根据请求中所包含的服务对象标识进行对象适配,在正确定位到所要访问的对象实例后,调用相应的方法以满足客户 Agent 的请求:服务器 Agent 将要传递的数据放入全局数据库中(或存于自己的数据库中),并将地址名称告诉客户 Agent,客户 Agent 则到全局数据库中相应的地方去取数据。

5.6.5　MAS 的协作环境

CORBA 提供了一系列支持分布式对象互操作的公共设施(CORBA Facilities)和公共服务(CORBA Services)。MAS 可以方便地利用这些公共设施和服务构件来为自己服务。公共设施和服务构件为 MAS 提供了一般性的公共服务,如数据库访问、文件打印、文档管理以及电子邮件等。而为了提高 Agent 之间的协作效率,除了 BA,还需要一些功能很强的服务 Agent 以使 Agent 之间的协作更有效。下面是一些经常用到的服务 Agent,这些服务 Agent 构成了 MAS 的协作环境。

Agent Name Server(代理名称服务器,ANS)就像命名服务器一样提供所有被调用 Agent 的物理地址,实现了位置透明性。它保留所有注册过的 Agent 的物理地址表,用户可以通过 Agent 的名称来访问它。当一个已注册 Agent 被其他 Agent 访问时,ANS 将该 Agent 的名称映射成其物理地址。ANS 提供服务的前提是任何新建的 Agent 必须在 ANS 上以它们的名字、物理地址和其他信息注册,注册的方式是发送一个包含注册行为的消息。当然,任何新建 Agent 都应该知道 ANS 的位置。

Gateway Agent(网关代理,GA)是个特殊的 Agent,它负责将以 KQML 和本体论表示的访问转换为通过 Stub、Skeletion、DSI 等静态或动态调用方式对相应对象的访问,实现代理请求与对象调用之间的转换。在基于 CORBA 的 MAS 框架结构下,每个 Agent 是基于 CORBA 规范的互操作机制来相互传递消息的,也就是每个 Agent 各自都对外提供一些能处理各种外来消息的操作方法,需要进行通信的双方只需互相调用对方的有关消息处理操作服务即可实现交互。每个 Agent 在各自的 ORB 上运行,ORB 之间则通过 IIOP 协议完成通信。

Scenario Coordination Agent(场景协同代理,SCA)设置监控的条件,当收到条件触发的消息后,决策采取合适的措施来处理异常或错误情况,有时要求助于人工决策。SCA 的主要工作包括集成异构应用系统以支持资源和信息的动态配置和管理,为生产的计划和调度提供智能支持。

Directory Assistance Agent(目录辅助代理,DAA)是一个辅助 Agent,它的职责是当 SCA 需要人工决策时为其提供一个合适的决策人选和服务。例如,虚拟企业的协同设计是一项复杂的知识工程,分布在不同领域的专家需要在设计约束范围内互相协商并不断对设计方案进行修改。在这个分布式知识交互过程中,DAA 所起的作用是提供各种设计服务,协助设计者快速搜寻领域知识、专家和服务,协商分配设计任务、求解任务、对冲突约束进行动态求解等。

Authentication Assistance Agent(论证辅助代理,AAA)是另一个辅助 Agent,它的职责是当 SCA 需要人工决策时,对决策人或其所发出的指令进行权限检验,防止越权操作。

其他还有 Monitoring Agent(监听代理,MA)负责为用户探测事件的发生和环境的改变,它一般由现场采集总线监控系统担任;People Analysis Agent(人工分析代理,PAA)负责为用户提供对信息的分析综合服务,它一般由专职的数据仓库管理员和数据挖掘分析员担任。Datamining Agent(数据挖掘代理,DMA)负责为 PAA 提供信息挖掘服务,它一般是数据挖掘程序和 OLAP(Online Analytical Processing,联机分析处理)工具等。

经过 CORBA 封装的企业应用系统为企业各类应用提供了相关的功能服务,并实现了合作企业分布异构环境下应用系统之间的互操作;企业相关领域的共享本体论和知识库则为 MAS 中的代理提供了可理解和重用的知识表示和操作环境。当虚拟企业的动态重组需要调整运营过程的一些规则和状态条件时,可以通过更改 Agent 的行为规则或 MAS 的重构去驱动对应在 CORBA 对象中的操作集,无须对功能服务的实现代码进行修改和重编译。因此,基于 CORBA 和 MAS 的应用集成不仅能保护企业原有信息投资,而且可随虚拟企业动态重组的需要快速重构信息系统以支持虚拟企业的运营。

5.7 集成案例

OL 公司是带有虚拟企业性质的通信产品制造商,它通过多家供应商构成供应网络来供给元器件。我们在 OL-CIMS 工程的基础上开发了一个 MAS 来对以上方案进行探索性的研究。

5.7.1 供应能力下降案例

OL 公司的供应网络中一家主要供应商因设备故障或其他原因造成生产率急剧下降,无法完成供货。当这种情况发生时,应根据具体情况触发一系列的活动,一些活动可能根据业务规则由应用程序自动触发并执行,另一些可能涉及人工决策。一些活动可能比较简单,例如仅仅将该异常事件记录在日志文件中;另一些则可能比较复杂,活动的成本或代价也比较大,例如请求盟主企业基于当前变化的条件,重排生产计划。供应能力下降案例如图 5.9 所示。其中,MES 是我们开发的一个供应商的制造执行系统,其运行于 Unix 平台上。ERP 是我们开发的 OL 公司的企业资源计划系统,其运行于 Windows 平台上。MES 和 ERP 系统都采用 CORBA 封装对象与 MAS 进行的通信,CORBA 对象直接访问数据库。CORBA 支撑平台采用 Borland 公司的 Visibroker。

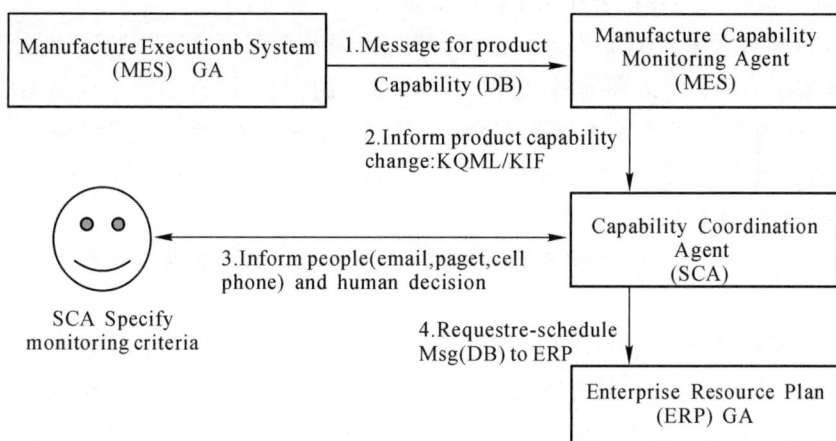

图 5.9　虚拟企业供应能力下降案例

5.7.2 MAS 系统设计

我们设计的 MAS 对该案例的管理构成了 MAS 的联合意向,活动分解与分担如下:

（1）GA 采集有关供应商 MES 的制造能力信息；

（2）MEA 根据 GA 采集到的信息计算并更新 OL 公司的供应能力；

（3）如果供应能力发生了重大变化，MEA 通知 SCA 和有关各方，包括人和应用程序；

（4）SCA 采取适当的措施来处理异常情况，如进行决策并通过 GA 通知 OL 公司的 ERP 系统。

该案例中仅涉及信息的交流，不存在大量数据的共享和交换。为了提高系统的运行效率，所有 Agent 都采用 KQML 消息通信，消息内容采取 KIF 格式，除了上面提到的 ANS、BA 和 GA 外，MAS 系统包括下列专业代理：

（1）MEA 既是挖掘代理，也是监控代理。作为一个挖掘代理，MEA 请求并接收从 GA 传来的 KQML 消息，这些消息包含了 KIF 格式的 MES 生产数据（这些数据起初包含在 MES 系统的 DataBase 中，后来被 GA 转化成了 KIF 的格式），MEA 综合这些生产数据并计算各供应商当前供应能力的平均值和标准差。作为一个监控代理，MEA 接受其他 Agent 委托的供应能力监控任务，监控特定供货商供货能力方面的异常事件，即接受其他 Agent（例如 SCA）发送来的供应能力监控条件并在条件触发时通知它们。

（2）SCA 设置供应能力监控条件，接收当条件触发后 MEA 发送的异常通告，采取适当的异常处理措施（包括人工决策者的干预）。其中的一项措施就是在供应能力下降，现行生产计划完全不可行时，请求 ERP 重排生产计划。这种请求消息由 SCA 以 KQML 的格式发送给 GA，GA 将其转换成 DataBase 格式的数据驱动 ERP 系统。

（3）DAA 相当于一个员工手册，当 SCA 需要人工决策时为其提供合适的决策人选。

（4）AAA 在 SCA 涉及人工决策时，验证决策者的身份及其是否发出越权指令。

另外，MAS 包含如下谓词：ask、tell、sorry、error、advertise、recommend、subscribe 等。谓词 ask 表达请求动作，如果对应 ask 消息的回答是 error，则表示 ask 消息格式有误；sorry 表示消息接收者无法提供所请求问题的解；tell 表示消息包含接收者提供所请求问题的解；advertise 表示通告 BA 该 Agent 可提供的服务；recommend 表示请求推荐某个可提供特定服务的 Agent；subscribe 表示向某 Agent 订阅某项服务，该状态直到收到一个确切的回答才结束，它常被用作监控某项指标。

针对该案例，我们还定义了三种受限的共享本体论谓词：SUPPLY-MANUFACTURE、SUPPLY-CAPABILITY 和 SUPPLY-CAPABILITY-CHANGE。

当处理更复杂的案例时,需要另外的谓词和更为复杂的 KIF 表达式。

(1)谓词 SUPPLY-MANUFACTURE 包含与该供应商生产能力有关的信息,如伙伴企业标识 partner-id,供应商品标识 product-id,当前生产能力 operation-capability,合同开始时间 start-time,合同供货时间 end-time。该谓词的每个实例对应于 MES 产生的一个 DB 数据集,GA 负责将这个 DB 数据集转化为该谓词的实例并发送给 MEA。

(2)谓词 SUPPLY-CAPABILITY 表达当前某供应商所供应的某种商品的供应能力,该能力由其平均值和标准差来表示。MEA 根据从 GA 获得的 SUPPLY-MANUFACTURE 谓词的一系列实例来计算并不断更新每个 SUPPLY-CAPABILITY 实例的状态,并在满足监控条件时将其发送给 SCA。

(3)谓词 SUPPLY-CAPABILITY-CHANGE 的每个实例对应一个 SCA 发给 GA 的 KQML 消息,由 GA 将其转化为一个 DB 数据集。该 DB 数据集告诉 ERP 哪个供应商的供应能力严重下降并且需要根据新的供应能力重排生产计划。

MAS 中 Agent 之间的协同和消息流如图 5.10 所示,它刻画了 Agent 如何

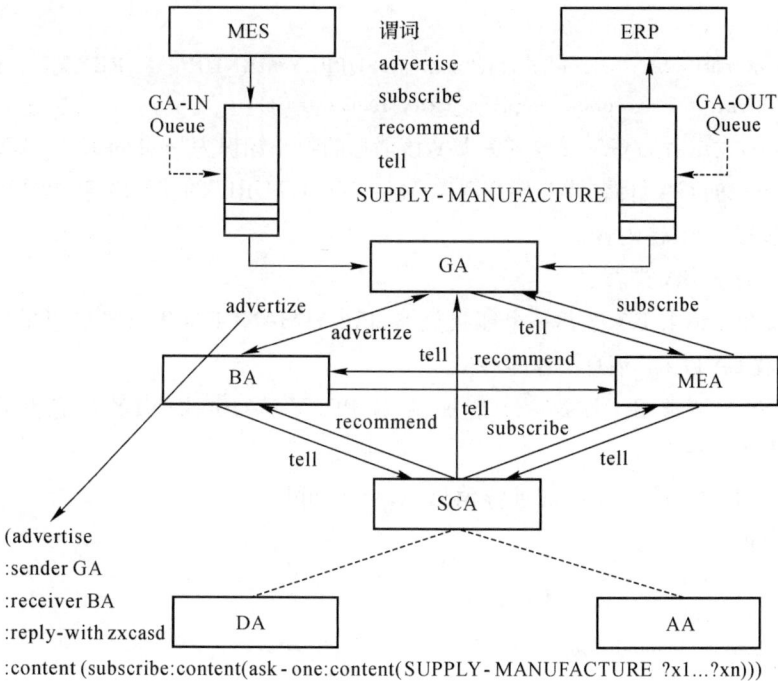

图 5.10　MAS 通信消息流

相互协同来解决供应能力下降案例,其中省略了从 ANS 到其他 Agent 的消息流。这些 Agent 每个都需要其他 Agent 产生的信息来完成其指定的任务,每个都可能产生其他 Agent 所需要的信息,Agent 之间没有固定的静态联系。其中 BA 在动态创建 Agent 间通信管道的过程中起着关键性的作用。

MAS 主要有以下几类任务:

(1)通告 BA。

①GA 通告 BA 它能提供 SUPPLY-MANUFACTURE 谓词。

②GA 通告 BA 有能力接受 SUPPLY-CAPABILITY-CHANGE 谓词,并且将其转化为 DB 数据集传送给 ERP。

③MEA 通告 BA 它可提供实时的供应商供应能力信息,即 SUPPLY-CAPABILITY 谓词实例。

下面是从 GA 到 BA 发送的 advertise 通告消息的例子:

```
(advertise
    :sender      GA
    :receiver    BA
    :reply-with  null8599132710561
    :content(subscribe:content(ask:content(SUPPLY-MANUFACTURE? xl…? xn)))
    :intent      exception_supply_capacity_reduce_0001)
```

其中,发送者为 GA,接收者为 BA,该消息的唯一标识为"null8599132710561",内容表示可以向 GA 订阅"请求 SUPPLY-MANUFACTURE"的有关信息,参数? xl…? xn 代表信息的具体内容。

(2)请求 BA 推荐。

①MEA 请求 BA 推荐一个能提供 SUPPLY-MANUFACTURE 信息的 Agent,并且接收 BA 以 tell 消息推荐的 GA。

②SCA 请求 BA 推荐一个能提供 SUPPLY-CAPABILITY 信息并且接收 BA 推荐的 MEA。

下例是从 MEA 发出的推荐消息 recommend:

```
(recommend
   :sender    MEA
   :receiver  BA
   :reply-with null222222222
   :content   (subscribe:content(ask:content(SUPPLY-MANUFACTURE  ?? …??)))
   :intent    exception_supply_capacity_reduce_0001)
```

其中,发送者为 MEA,接收者为 BA,该消息的唯一标识为"null222222222",内

容表示希望推荐一个可以提供订阅 SUPPLY-MANUFACTURE 的有关信息的
Agent。

作为回告，BA 发送下列 tell 消息给 MEA：

```
(tell
  :sender      BA
  :receiver    MEA
  :in-reply-to null222222222
  :reply-with  null333333333
  :content     （GA）
  :intent      exception_supply_capacity_reduce_0001)
```

其中，发送者为 BA，接收者为 MEA，该消息的唯一标识为"null333333333"，内
容表示推荐的 Agent 是 GA。该消息是回复"null222222222"消息的。

根据 BA 的推荐，MEA 能通过发送 ask 或 subscribe 消息给 GA 获得所需要的
信息。

（3）监控/通知。

当 SCA 从 BA 那里知道 MEA 有能力提供某供应商当前供应能力信息时，
它可以发送给 MEA 下列 subscribe 消息。

```
(subscribe
  :sender      SCA
  :receiver    MEA
  :reply—with  null444444444
  :language    KQML
  :content     （ask-one
                 :language  KIF
                 :content   （and(SUPPLY-CAPABILITY … ? mean … )(＜? mean 50)))
  :intent      exception_supply_capacity_reduce_0001)
```

通过这个消息，SCA 告诉 MEA 它感兴趣的是当某供应商的供应能力的平
均值小于 50 时的信息，希望收到当时的 SUPPLY-CAPABILITY 谓词的实例。
无论何时当更新过的供应能力符合这个条件时，MEA 立即发一个包含新供应
能力的平均值和标准差的 tell 消息给 SCA。

在上例中，MAS 可支持虚拟企业各合作伙伴之间的智能集成。用这种方
法，一系列具有专业技能的软件 Agent 都能被组织起来帮助采集相关信息和知
识并且互相协同，结合其他的应用系统和人工决策者的智力可以解决虚拟企业
中的及时决策问题。

5.7.3　MAS 的运行

首先根据不同的角色登录系统（见图 5.11），因为各人的权限和任务不同，系统为用户设置了不同的工作环境。例如，用户以生产项目组管理员（ET_Administrator）的角色登录，在该案例的情况下将看到虚拟企业各外部项目组目前的完成任务的能力指数（由 MEA 计算）。如图 5.12 所示，左边的树状视图表示

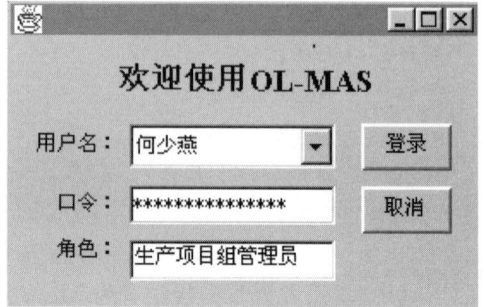

图 5.11　OL-MAS 登录界面

了虚拟企业的组织机构，其中能力严重不足的企业会呈现出与其他企业不同的颜色，各颜色代表了能力不足的严重程度。如果选中其中一个伙伴企业，从右边的栅格中还可以查看该企业对各种物品的供应能力指数的精确值，右上方的标尺给出了该企业的综合供应能力指数。MEA 可根据 SCA 设置的规则进行自动报警（根据异常发生的情况发电子邮件、传呼或打电话给有关人员）或在人工指定异常情况下单击"报警"按钮进行手工告警；用户还可以选定异常后单击"决策

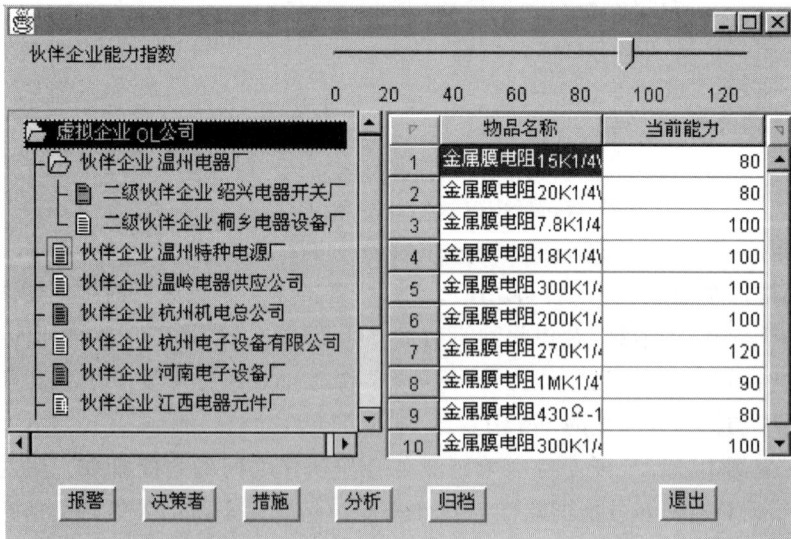

图 5.12　OL-MAS 伙伴企业能力监控界面

者"按钮,系统则通过 DAA 搜索提供决策的人员(专家或主管人员);单击"措施"按钮请求 SCA 给出相应的措施;单击"分析"按钮分析当前异常情况对生产各方面的影响;单击"归档"按钮将当前异常情况记录在案,将其作为将来利润分割和伙伴选择的依据和参考。

MEA 检测到异常后会发送消息给 SCA,SCA 根据异常的情况和程度,查询其内部知识库中的规则进行推理并给出相应的措施。在异常严重的情况下,SCA 要求助于人工决策,它可以根据规则寻找相关的决策人员,并根据决策人员的建议进行推理给出解决方案。SCA 规则库中的规则可以由项目管理员根据业务过程的需求来设定,并能随过程的集成而变化(见图 5.13),其中包括规则的增、删、改、查和合法性、有效性的效验。为了辅助用户创建规则,我们开发了工具面板为用户提供方便。SCA 内部的推理机对规则的语法、语义进行解析后调用 CORBA 对象来实现相应的功能。图 5.13 中的规则表示根据某伙伴企业供应能力下降的程度不同,通知不同的主管人员,并分别给出了相应的决策建议,SCA 则对建议进行收集和处理。如图 5.14 所示,在这些建议的基础上由推理机进行推理或由更高级项目管理员进行人工决策,形成最终解决方案。SCA 将该方案存储后,通过 GA 发送该方案给 ERP 系统,驱动 ERP 系统根据方案采取相应措施(如重排生产计划)。

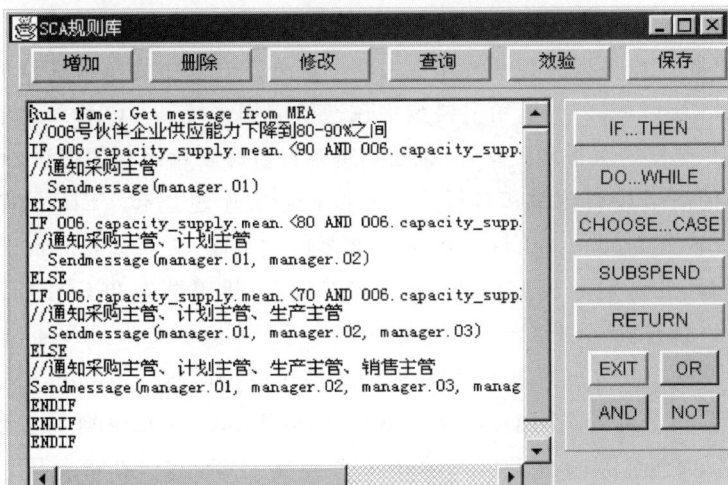

图 5.13 SCA 知识库中的规则设置

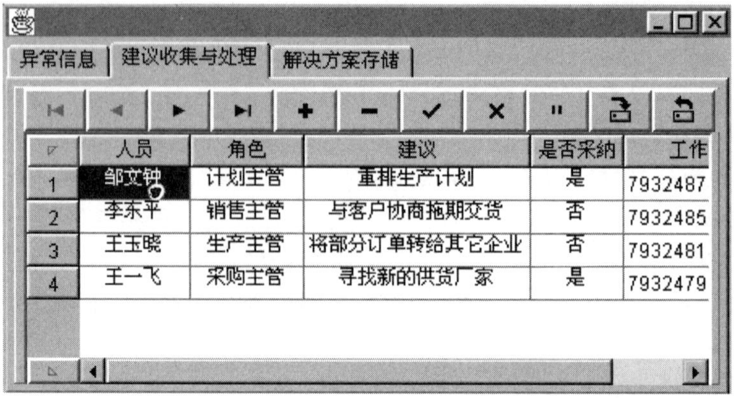

图 5.14 SCA 的决策机制和解决方案

5.8 VEIF 开发技术方案和功能模块

5.8.1 VEIF 开发技术方案

VEIF 的工作可以分为开发和重用两个部分。开发主要集中在新的应用系统和 Agent 层以上部分,重用主要集中在遗留应用系统和 CORBA 对象层。为提高 VEIF 开发的水平和效率,应采取引进和自行开发相结合的方法,通过扩展一些成熟的商用基础类库和自行开发一些核心类库建立起 VEIF 的基础类库 VFC(Virtual Foundation Class,虚拟基础库)。本书建议采用 Rational Rose 完成对象建模,并由对象模型生成 Java(或 C++)代码框架和 CORBA 对象的 IDL 接口。根据 Java(或 C++)代码框架选用 JBuilder 3.0(或 Visual C++)作为主要开发工具完成对象的开发,客户界面对象也可通过 JBuilder 3.0 完成。对 Agent 层以上部分选用 JATLite(Java Agent Template Lite)作为主要开发工具。JATLite 包含美国斯坦福大学开发的 Java 类库,它包括抽象层、基础层、KQML 层、路由器层和协议层五个层次,开发者可以根据需要,方便地选择任意一层来创建系统。JATLite 提供了使用高级语言和协议创建代理的模板,利用其提供的通用平台,用户能够迅速快捷地创建自己的应用系统。VEIF 开发的技术方案如图 5.15 所示。VEIF 的开发应建立在对各企业内部遗留应用系统的重用的基础上,这样既能缩短开发的周期,降低开发成本,也能提高系统的可靠性。

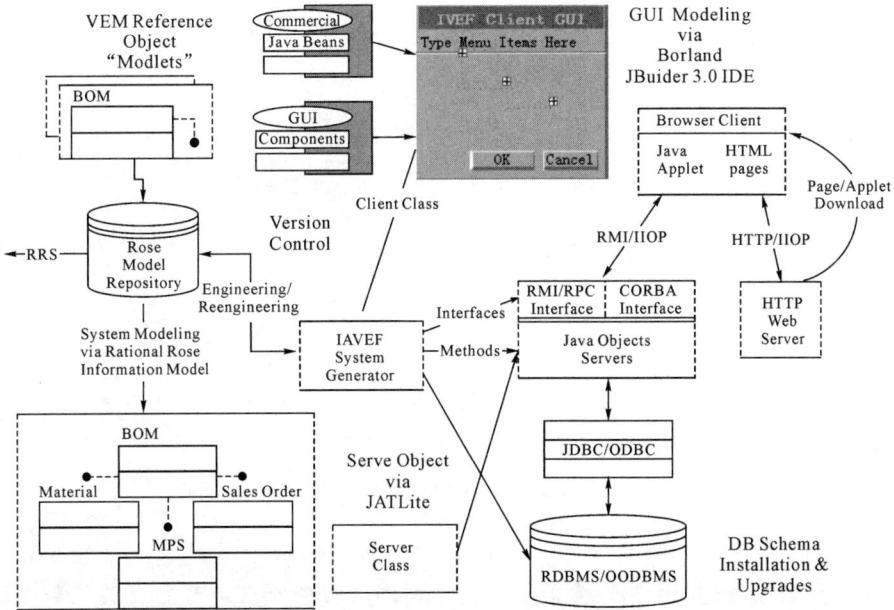

图 5.15　VEIF 开发的技术方案

5.8.2　VEIF 主要功能模块

　　VEIF 采用面向对象的系统分析方法,它的设计采用微内核结构法,即把系统的公共部分抽象出来,形成一个底层核心以提供最基本的服务,其他功能以服务器形式建立在微内核之上,这样的系统结构具有良好的模块化和结构化特征。每个模块参照 VEM 模型都可分为基础(Base)、高级(Advanced)、行业(Trade)、企业(Enterprise)四个层次。基本层应提供每个业务功能的操作规程,如基本代码的建立和维护、系统初始化功能和接口定义;高级层应提供每个业务模块一些可选的深化功能模块,如库存管理中的库存事务扩展功能;行业层针对行业特点,如药品行业的批号管理等,对此应提供可插拔的特定功能模块;企业层应提供针对具体企业的客户化配置和个性化开发的功能模块,如菜单的本地化和操作习惯的偏好。VEIF 开放的系统结构的设计如图 5.16 所示,其功能应该能够根据行业和企业需求自由组合和裁减。

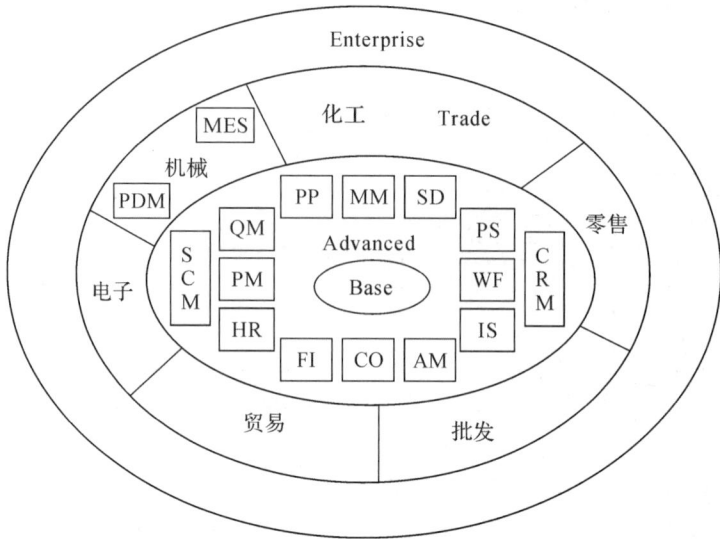

图 5.16 VEIF 系统结构

我们对其中的基本模块进行了功能设计,各功能划分如下:

产品数据管理(PDM):覆盖了从设计到售后服务所有与产品有关的数据管理,包括 BOM 管理、产品设计、产品工艺、审批流程、产品反馈等。

制造执行系统(MES):覆盖了制造执行过程中所有的数据管理。其要素包括计算机辅助制造(Computer Aided Manufacturing,CAM)、制造监控系统、制造过程调度、资源检查、人员调配、数控中心。

供应链管理(SCM):覆盖了从供应商的供应商到客户的客户的全部过程,包括外购、制造分销、库存管理、运输、仓储、客户服务等。其要素包括采购计划、制造计划、运输计划、存储计划和销售计划。

顾客关系管理(CRM):通常都把产品的销售、市场、客户服务以及技术支持信息集中存放于一个统一的中心信息库中。其要素包括客户信息字典、配置引擎、销售分析、市场预测、客户服务。

销售与分销(Sales and Distribution,SD):帮助优化销售、发运和账单制作过程的所有任务和活动的应用模块。其要素包括售前支持、询价处理、报价处理、销售订单处理、发运处理、账单制作和销售信息系统。

物料管理(Material Management,MM):支持日常经营活动中的采购和存货管理职能的应用模块。其要素包括物料采购、存货管理、再订货点处理、发票校验、物料计价、供应商评估、外协管理、采购信息系统和存货控制信息系统。

生产计划(Production Plan,PP):用于制造活动的计划和控制的应用模块。其要素包括物料清单、工艺路线、加工中心、销售与生产计划、主生产计划、物料需求计划、车间作业计划、生产订单、产品成本计算和基于活动的成本计算、流程制造、看板管理、流程行业的生产计划。

质量管理(Quality Management,QM):质量控制信息系统,它支持质量计划、检验、制造和采购中的质量控制。其要素包括质量检验、质量计划、质量管理信息系统。

工厂维护(Plant Maintenance,PM):支持工厂维修任务的计划、处理和扫尾工作,帮助用户监控维修成本和资源,提供与工厂维修决策有关的信息。其要素包括处理计划外的任务、服务管理、维修通知、维修物料清单、工厂维修信息系统。

人力资源(Human Resource,HR):用来控制和计划各业务应用模块所需要的各职能部门的人事活动。其要素包括人事管理和工资会计、人事计划和人力资源开发、人力资源信息系统。

项目系统(Project System,PS):支持确定目标的长期的高度复杂的项目的计划、控制和监视。其要素包括项目规划、进度控制、任务调度、项目管理信息系统。

工作流(Work Flow,WF):将各应用模块和跨应用模块的技术、工具和服务连接起来。其要素包括工作流定义、任务分派、工作流运行、工作流监控、工作流管理信息系统。

财务会计(Finance,FI):对总分类账、应收账、应付账和其他用户自定义的会计科目表中的明细账户实施自动管理和外部报表编制而设置的应用模块。其要素包括总分类账、应收账、应付账、金库管理、特种分类账、合并报表编制、VCI平台、财务信息系统。

管理会计(Chief Operations,CO):是为成本和收入管理而设计的应用模块。它是实施组织决策的管理手段。其要素包括成本中心会计、工作订单会计、项目会计、生产成本分析、获利性分析、利润中心会计、基于活动的成本计算、企业控制、管理会计信息系统。

资产管理(Assets Management,AM):为管理和监督固定资产的实物形态而设计的应用模块。其要素包括资产的技术管理和工厂维修、投资控制和资产的出售、资产的折旧和重置、投资管理、管理会计信息系统。

行业方案(Industry Solution,IS):为不同行业的特殊需求而定制的模块,如医药行业的批号管理、外贸行业的信用证管理等。

以上各应用模块中的信息系统对应于价值链监控总线,也是数据仓库建立的有效途径。各应用模块功能上相对独立,松散耦合。它们之间的内在关系一部分是固定的,如 SD 模块开出发票后 FI 模块一定要记账(记账的时机可根据不同情况设置),另一部分是可以由用户定义的,这样便于软件自由裁剪和满足不同用户的需求。

5.9 小 结

(1)提出了虚拟企业信息框架 VEIF 及其实现的关键技术。

(2)研究了基于 CORBA 的应用系统封装技术。

(3)研究了基于 Agent 的 CORBA 对象封装技术。

(4)研究了基于联合意向的多代理体系及其对虚拟企业的描述。

(5)研究了 MAS 在虚拟企业中的应用及其关键技术。

(6)研究了 VEIF 的实现方法和主要功能模块。

6
总结与展望

6.1 总 结

虚拟企业是 21 世纪企业的一种组织形式,而过程集成是虚拟企业提高市场竞争力的主要手段。过程集成的速度和灵活性将直接决定产品的上市时间和成本。有效的过程集成不仅能提高虚拟企业的敏捷性,实现资源的合理配置和产品价值的最大化,而且能够获得更多的市场机遇,提高虚拟企业的竞争力。本书深入研究了虚拟企业过程集成的理论、方法和关键技术问题,并给出了部分运行实例,取得了以下主要的研究成果。

(1)在对虚拟企业进行过程分析的基础上,针对虚拟企业特点建立了虚拟企业建模体系 VEM,提出了一种面向对象的虚拟企业建模方法 VEMM,建立了虚拟企业集成化多视图模型,重点建立了虚拟企业过程模型和伙伴选择与评估领域的参考模型,并给出了过程向对象转换的映射方法,帮助解决过程建模中对象抽取难的问题。VEMM 不仅满足了虚拟企业多视图、动态性、全周期和跨企业的分布异构要求,使模型具有可重用、可重构和可扩展性能,而且实现了从模型建立到信息系统开发的无缝集成以及与外部系统的无缝连接,从而大大提高了过程建模的敏捷性和灵活性,降低了信息系统开发的成本,保证了模型与实现的一致性,对解决虚拟企业过程集成中建模难、重用难、扩展难、集成更难以及表达不统一、不全面等问题具有重要的意义。

（2）以价值链分析理论为基础，将 BPR 思想扩展到虚拟企业过程集成领域，创造性地提出一种基于价值链的过程集成方法 VCI，确定了过程集成的目标——整体价值链最优。基于模糊理论，结合基准研究和 QFD 方法给出了活动价值的模糊分析方法，有助于解决价值活动的绩效评价问题；结合 AHP 方法给出了过程优化方案的模糊评估方法，有助于解决过程优化方案的优选问题。建立了虚拟企业价值链框架并给出了价值链价值的参考算法。利用价值链原理提出了供应链式虚拟企业的产量联合决策问题的解决方法。根据价值分析的结果对过程模型进行了优化，给出了优化的有关方法和重要策略，建立了集成后的供应链式虚拟企业运营过程模型，为过程集成提供参考和指导。基于价值链理论和过程优化方法，建立了过程仿真模型，对供应链式虚拟企业价值链进行了仿真，分析了牛鞭效应并给出了相应的解决措施。最后，设计了实现价值链集成的软件平台。

（3）针对虚拟企业的过程运营的特点，创造性地将项目管理同工作流管理有机地结合起来，将项目管理的宏观调控和工作流管理的微观监控相结合，解决了过程集成实施难的问题，避免了项目管理陷入工作细节的危险和工作流缺乏总体管理的局限。首先，给出了项目管理和工作流管理相结合体系的形式化描述：提出一种适合虚拟企业特点的自顶向下与自下向上相结合的任务分解法，提高了项目任务分解的效率；提出一种分布与集中相结合的过程框架方法来解决项目任务的控制问题，并在过程框架的基础上提出混合项目进度计划方案，给出了项目进度计划算法。其次，建立一种基于 Web 的工作流管理系统，并把它作为项目管理的有力手段来驱动各应用系统协同完成项目任务并监控任务执行情况。通过项目控制与工作流调度的结合来控制任务的执行和调度，提出了动态关键路径任务调度方法和并行的任务执行策略，并提出一种局部节拍的方法来解决任务并行的节拍失配问题。最后，基于遗传算法对项目规划的优化问题进行了研究，解决了虚拟企业在何时维持多大生产能力才能在满足需求的情况下使价值最大的问题，也为 BPR 的时机和幅度以及资源的规划提供了一定的参考。

（4）提出了支持虚拟企业过程集成的信息框架 VEIF，基于 CORBA 封装技术解决了分布异构的应用系统之间的对象互操作问题。基于 Agent 封装技术解决了应用系统之间知识层次上的语义互操作问题。基于联合意向构建了支持虚拟企业运营的 MAS，并用 MAS 刻画了虚拟企业内的合作体系。基于 CORBA 和 MAS 技术实现了软总线/软构件式的虚拟企业的应用集成框架。研究了 MAS 在虚拟企业过程集成中的应用及其关键技术并给出案例。设计了 VEIF

的总体功能模块。VEIF 解决了虚拟企业分布异构应用系统的集成问题,建立了开放的可重构、可重用和可扩展的敏捷信息集成框架,在保护合作企业原有信息化投资的基础上消除了合作企业内部和企业之间信息传输和交流的障碍,有力地支持了虚拟企业过程集成和项目管理中大量的协调和协作问题的解决。

6.2　展　望

本文侧重于从理论、方法和实现技术上进行研究,并提出了相应的实施方案,但由于虚拟企业的复杂性,其过程集成中还有许多方面有待进一步研究,主要有:

(1)虚拟企业同电子商务的集成;

(2)计算机支持的协同工作(Computer Supported Cooperative Work, CSCW)在虚拟企业中的应用;

(3)分布式协同设计中大规模信息量的处理和有关标准的跟踪和实现;

(4)虚拟企业的智能决策问题的研究。

参考文献

[1] Boggs W, Boggs M. UML 与 Rational Rose 2002 从入门到精通. 北京：电子工业出版社, 2002.

[2] 白明光. 面向 21 世纪的制造模式. 组合机床与自动化加工技术, 1999, 7：1 - 5.

[3] 毕诸明, 朱岩, 刘宗华. 供应链的集成监控体系结构. 中国机械工程, 1999, 10 (5)：527 - 530

[4] 曹健, 赵海燕. 产品协同设计中的任务调度方法研究. 中国机械工程, 1999, 10(5)：489 - 492.

[5] 曹岩, 王学群, 刘宁, 等. 以人为中心的制造企业组织——智能企业. 制造业自动化, 2000, 22(1)：41.

[6] 曾庆宏. 下一代制造和协作工程. 制造业自动化, 2000, 22(1)：1 - 5.

[7] 柴跃廷, 李芳芸, 任守榘. 敏捷供需链中工作流管理系统的设计. 信息与控制, 1999, 28(6)：401 - 406.

[8] 陈建中, 刘大有, 唐海鹰. 智能 Agent 建模的一种模板结构. 计算机研究与发展, 1999, 36(10)：1164 - 1168.

[9] 陈庆新, 毛宁, 伍乃骐. 虚拟车间的异地协同调度. 中国机械工程, 1999, 10 (7)：756 - 759.

[10] 陈禹六. IDEF 建模分析和设计方法. 北京：清华大学出版社, 1999.

[11] 程涛, 胡春华, 吴波, 等. 基于 CORBA 的分布式多自主体系统研究. 中国机械工程, 2000, 11(4)：441 - 445.

[12] 程卫国,冯峰,王雪梅,等.MATLAB 5.3 精要编程及高级应用.北京:机械工业出版社,2000.

[13] 丛高,李敏强,寇纪淞.企业流程再造的方法研究.中国管理科学,1999(7):25-27.

[14] 董秀林,周福章,史维祥.智能控制型径向切入磨削加工系统.制造业自动化,2000,22(3):5-6

[15] 范玉顺,吴澄.工作流管理技术研究与产品现状及发展趋势.计算机集成制造系统,2000,6(1):1-7.

[16] 高国军,段永强,张申生.基于 CORBA 和多代理技术的可重构企业信息系统.计算机集成制造系统,2000,6(3):25-29.

[17] 高济,王进.基于 Agents 的软件合成框架 ABFSC.计算机学报,1999,21(10):1050-1058.

[18] 高济,林东豪.基于 Agent 技术的虚拟组织集成框架 IFVO.计算机研究与发展,1999,36(12):1409-1415.

[19] 高济.任务分担模型和 DPS 控制的动态层次组织.计算机学报,1993,16(8)614-622.

[20] 高建民,林志航.基于企业集团化管理的制造资源计划系统.中国机械工程,1999,10(5):516-519.

[21] 高琦.保质设计策略和方法的研究.杭州:浙江大学,1998.

[22] 顾新建,祁国宁.知识型制造企业——中国制造企业如何赢得知识经济时代的挑战.北京:国防工业出版社,2000.

[23] 郭胜辉,孙玉芳.基于数据字典库的信息系统的设计.计算机学报,2000,23(4):414-418.

[24] 韩坚,范玉顺,吴澄.基于代理和 CORBA 的应用集成机制探究.计算机集成制造系统,1999,5(2):11-15.

[25] 胡锦敏,张申生.支持企业动态联盟的敏捷工作流系统.计算机研究与发展,1999,36(12):1517-1523.

[26] 黄丽华,胡健,陈蓉,等.企业过程再设计的概念及其实现途径.计算机集成制造系统,1997,4(8):8-12.

[27] 姜万生.敏捷制造中面向对象的企业信息建模技术.1999,21(4):9-10.

[28] 蒋新松,张申生.敏捷竞争的挑战与思考.计算机集成制造系统,1996,1(1):3-9.

[29] 康小强,石纯一.基于 BDI 的多 Agent 交互.计算机学报,1999,22(11):

1166 - 1171.

[30] 李斌,师汉民,胡春华,等.基于 Agent 分布式网络化制造模式的研究.中国机械工程,1999,10(2):1358 - 1362.

[31] 李伯虎,全春来.基于框架的 CIMS 集成策略与技术.计算机世界,1997,5(12):103 - 105.

[32] 李从东,杨文生,齐二石.基于 CIMS 的企业管理重构.中国机械工程,1999,10(8):42 - 45.

[33] 李东波,唐敦兵,黄强.基于 STEP 方法学的模具产品集成信息建模技术研究.计算机学报,1999,22(12):1324 - 1327.

[34] 李飞,徐成贤.QFD 中各设计要求间依赖关系的线性规划处理.系统工程理论与实践,2000,20(7):27 - 31.

[35] 李杰,叶元煦.先进制造技术投资项目战略选择及经济评价.机械工程学报,1999,35(5):5 - 10.

[36] 李全龙,徐晓飞,战德臣,等.面向敏捷虚拟企业组织建立的仿真与优化.中国机械工程,1999,10(5):520 - 523.

[37] 李军.敏捷制造.知识放送,1998(6):15.

[38] 李强,黄上腾.基于 CORBA 的 PDM 系统实现方式.上海交通大学学报,1998,32(10):74 - 77.

[39] 李全龙,徐晓飞,姜思杰.一类资源组合问题的扩展参数 Petri 网建模与优化研究.计算机研究与发展,2000,37(3):344 - 351.

[40] 李玉家,马登哲,金烨,等.产品开发过程的活动分解与规划.制造业自动化.1999,21(5):7 - 10.

[41] 李云峰,史忠植,谭宁.一种新的 DSS 模型描述方法.计算机研究与发展,1999,36(5):584 - 588.

[42] 李志忠,王先逵,刘成颖,等.面向并行工程的 CAPP 框架系统研究.中国机械工程,1999,10(4):403 - 407.

[43] 练元坚.产品与过程集成——先进制造模式的共同特征.中国机械工程,1999,10(5):481 - 483.

[44] 梁正和,马鹏举,李宝明,等.支持动态联盟的 WWW 网络环境的研究.中国机械工程,1999,10(8):885 - 887.

[45] 林东豪.虚拟组织信息基础的总体结构与集成方法研究.杭州:浙江大学,2000.

[46] 林建平,彭颖红,阮雪榆.基于并行工程的模具计算机辅助设计系统集成框

架.上海交通大学学报,2000,34(10):1385-1387.

[47] 林建平,彭颖红,阮雪榆.并行工程及其在级进冲模 CAD 应用中的关键技术.上海交通大学学报,1999(2):20-25

[48] 刘锦兴,秦叶,李荣彬,等.基于信息网络的异地协同设计与制造系统研究.中国机械工程,1999,10(8):882-885.

[49] 刘敬军,张申生,步丰林.应用 CORBA 和多代理技术重构企业信息系统.计算机集成制造系统,2000,5(3):55-59.

[50] 刘乃若,董金祥,李善平,等.ZD-PDM 中面向目标的项目管理模型的设计.计算机研究与发展,1999,36(10):1274-1279.

[51] 刘铁铭,范玉顺.基于工作流的企业过程的建模和仿真技术研究.清华大学学报,2000,40(1):107-111.

[52] 刘晓铭,刘积仁,李华天.构件化领域框架设计与实现.计算机研究与发展,1999,36(2):166-169.

[53] 骆斌,费翔林.多线程技术的研究与应用.计算机研究与发展,2000,37(4):407-412.

[54] 马士华,林勇,陈志祥.供应链管理.北京:机械工业出版社,2000.

[55] 马永军,蔡鹤皋,张曙.网络联盟企业中的设计伙伴选择方法.机械工程学报,2000,36(1):15-19.

[56] 马永军,李荣彬,张曙.制造网络的发展状况.机械科学与技术,2000,19(5):458-462.

[57] 毛宁,何汉武,伍乃骐.基于并行工程的模具生产管理.中国机械工程,1999,10(5):492-495.

[58] 潘家辂.现代生产管理学.北京:清华大学出版社,2011.

[59] 潘铁军,潘晓弘,程耀东.虚拟企业中 CIPE 的研究与应用.中国机械工程,2001,12(A1):133-136.

[60] 潘铁军,郑蕾娜,魏仰苏,等.面向 CIMS 的数据库体系化环境和 OLAP.计算机工程.2004,30(16):75-78.

[61] 潘文灏,王意冈,王浣尘.业务过程重组若干问题之探讨.系统工程理论与实践.1999,19(2):15-17.

[62] 潘自强,刘杰,黄丽华,等.企业过程到企业对象类转换规则及其应用.系统管理学报,1999(2):5-11.

[63] 祁国宁,顾新建.计算机集成制造系统方法论.上海:上海科学技术文献出版社,1996.

[64] 祁国宁,韩永生,陈俊,等.计算机集成产品工程 CIPE.中国机械工程, 1999,10(5):524-527.

[65] 钱碧波.敏捷虚拟企业建立过程及其关键技术研究.杭州:浙江大学,1999.

[66] 钱西汉,吴峻松,王成焘.支持动态联盟的工作流管理及应用.机械设计与制造工程,1999,28(5):29-31.

[67] 邵维忠,梅宏.统一建模语言 UML 述评.计算机研究与发展,1999,36(4): 385-394.

[68] 石伟,范玉顺.分布对象环境下工作流执行系统设计.计算机集成制造系统,1998(6):7-11.

[69] 史美林,杨光信,向勇,等.WfMS:工作流管理系统.计算机学报,1999,22 (3):325-335.

[70] 史美林,杨光信,向勇,等.一个基于 Web 的工作流管理系统.软件学报, 1999,10(11):1148-1155.

[71] 宋加升,杨学民.敏捷制造企业及其组织特性.技术经济,2000,19(3):25 -26.

[72] 孙国强.企业虚拟联合及其优势探略.技术经济,2000(3):17-18.

[73] 孙茂竹.经营决策会计学.北京:中国人民大学出版社,1994.

[74] 汪定伟.MRP-Ⅱ与 JIT 结合的生产管理方法.北京:科学出版社,1996.

[75] 汪应洛.面向 21 世纪的生产模式及其管理.西安交通大学学报,1997,31 (A1):3-6.

[76] 王炳武,胥谞.MATLAB 5.3 实用教程.北京:中国水利水电出版社,2000.

[77] 王春森.程序设计.北京:清华大学出版社,1999.

[78] 王建涛,方明伦,俞涛,等.基于 PDM 的产品数据集成管理.计算机辅助设计与制造,1998(3):31-33

[79] 王凯,白庆华.基于工作流管理的动态联盟企业信息系统模型.计算机应用,1999,19(10):30-33.

[80] 吴锡英,吕文林.制造业的敏捷化和全球化.1999,21(4):5-8.

[81] 谢列卫.集成产品开发过程的理论、方法及应用研究.杭州:浙江大学,2000.

[82] 熊伟,黄丽华.基于 BPR 的信息系统规划方法.系统管理学报,1999(1):27 -32.

[83] 徐晓飞.未来企业的组织形态——动态联盟.中国机械工程,1996,7(4):15 -20.

[84] 许榕生.电子商务实用指南.北京:机械工业出版社,2000.

[85] 玄光男,程润伟.遗传算法与工程设计.北京:科学出版社,2000.

[86] 薛劲松,宋宏.CIMS 的总体设计.北京:机械工业出版社,1997.

[87] 杨坚争.电子商务基础与应用.西安:西安电子科技大学出版社,1998.

[88] 杨立君.对 Flowshop 排序问题启发式方法的评价与改进.工业工程与管理,1998,1:44-47.

[89] 杨明丽.集成制造、网络经济和虚拟组织——知识经济条件下企业组织演化的经济学分析.当代经济科学,1999(2):47-51.

[90] 姚健,严隽琪,马登哲,等.分布式虚拟制造系统的框架体系.中国机械工程,1999,10(4):408-409.

[91] 詹姆斯·迈天.生存之路——计算机技术引发的全新经营革命.北京:新华出版社,1999.

[92] 张伯鹏.信息驱动的数字化制造.中国机械工程,1999,10(2):211-214.

[93] 张德,董逸生.Internet 上的数据库联合查询优化.计算机学报,2000,23(2):171-176.

[94] 张和明,熊光楞.面向敏捷制造的集成产品开发要素研究.计算机集成制造系统,1999,5(4):20-24.

[95] 张婧.知识经济条件下的主流企业模式——虚拟企业.改革与战略,2000(1):22-23.

[96] 张申生,高国军.动态联盟和敏捷竞争.计算机集成制造系统,1999,5(2):1-5.

[97] 张申生.从 CIMS 走向动态联盟.中国机械工程,1996,7(3):17-22.

[98] 张申生.敏捷企业(上).中国机械工程,1996,7(3):22-27.

[99] 张曙,李爱平.技术创新和知识供应链.中国机械工程,1999,10(2):224-227.

[100] 张晓冬,何玉林,杨育.支持并行设计的 PDM 过程管理技术方法体系研究.制造业自动化.1999,21(5):11-14.

[101] 张云亭.企业论坛价值链理论在企业成本管理中的运用.经济导刊,1999(3):59-63.

[102] 张宗茂,叶飞帆.MRP 和 JIT 两种生产管理系统的比较研究.工业工程与管理,1998,3:43-47.

[103] 赵道致.企业内部供应链产量联合优化决策研究.系统工程学报,1999,14(2):23-27.

[104] 赵东标,朱剑英.智能制造技术与系统的发展与研究.中国机械工程,1999,

10(8):308－309.

[105] 赵世光,林毅,金烨.面向动态联盟的网络分布式集成工艺管理系统.机械工业自动化,1999,21(3):1－3.

[106] 真彤.敏捷制造的总体技术与实施方法研究.杭州:浙江大学,1998.

[107] 周笑波,谢立,周晓方.一个基于多服务员系统的 Internet 市场服务管理模型.计算机报,1999,22(4):424－430.

[108] 朱森第.加速制造业的自动化进程,努力提升制造业的竞争力.国内外机电一体化技术,2000,22(1):1－4.

[109] Adler R M. Emerging standards for component software. Computer,1995, 28(3):68－77.

[110] Ahmad K E,Ganesh M K,Mansooreh M. Concurrent engineering deployment: A virtual reality approach. Integrated Manufacturing Systems,1993,4(4): 24－28

[111] Bartmess A,Cerny K. Building competitive advantage through a global network of capabilities. California Management Review,1993,35(2):78－ 103.

[112] Benjamin P C,Erraguntla M,Mayer R J,et al. Toolkit for enabling analysis and modeling of adaptive workflow (TEAMWORK). ACM Siggroup Bulletin,1999,20(3):9.

[113] Bobrow D G. Dimensions of interaction. AI magazine,1991,12(3):64 －80.

[114] Browne J,Sackett P J,Wortmann J C. Future manufacturing systems- towards the extended enterprise. Computers in Industry,1995,25(3): 235－254.

[115] Conry S E,Meyer R A,Lesser V R. Multistage Negotiation in Distributed Planning. San Francisco:Morgan Kaufmann Publishers,1988.

[116] Cutkosky M R,Engelmore R S,Fikes R E. PACT:An experiment in integrating concurrent engineering systems. Computer,1993,26(1):28 －37.

[117] D'Aveni R. Hypercornpetition,managing the dynamics of strategic maneuvering. Business Ethics Quarterly,1996.

[118] Doran J,Carvajal H,Choo Y J,et al. The MCS multi-agent testbed: Developments and experiments. Cooperating Knowledge Based Systems,

1991:240 - 251.

[119] Durfee E H, Montgomery T A. MICE: A flexible testbed for intelligent coordination experiments. Proceedings of the Distributed Artificial Intelligence Workshop,1995.

[120] Glicksman J, Hitson B L, Pan Y C, et al. MKS: A conceptually centralized knowledge service for distributed CIM environments. Journal of Intelligent Manufacturing,1991,2(1):27 - 42.

[121] Goldman S, Nagel R, Preiss K. Agile Competitors and Virtual Organization. New York: Van Nostrand Reinhold,1995.

[122] Grossz B, Davis R. A report to ARPA on twenty-first century intelligent systems. AI Magezine,1994,15(3):10 - 20.

[123] Hamscher W. AI in business-process reengineering. AI Magazine,1994, 15(4):71 - 72.

[124] Hardwick M, Bolton R. The Industrial Virtual Enterprise. Communications of the Association for Computing Machinery,1997,40(9):59 - 60.

[125] Meijler T D, Demeyer S, Engel R. Making design patterns explicit in fact: A framework adaptive composition environment. Preliminary European Conference Proceedings,1997.

[126] Mowshowits A. Virtual Organization. Communications of the ACM,1997, 40(9):30 - 37.

[127] Nagel R, Dove R. 21st Century manufacturing enterprise strategy, an industry-led view. Bethlehem:Lehigh University,1991.

[128] O'Leasy D E. Artificial intelligence and virtual organization. Communications of the Association for Computing Machinery,1991,40(1):52 - 59.

[129] Pan Y C, Tenenbaum J M. An intelligent agent framework for enterprise integration. IEEE Transactions on Systems, Man, and Cybernetics,1991, 21(6):1391 - 1407.

[130] Pan Y C, Tenenbaum J M, Glicksman J. A framework for knowledge-based computer-integrated manufacturing. IEEE Transactions on Semiconductor Manufacturing,1989,2(2):33 - 46

[131] Park H, Tenenbaum J, Doves R. Agile infrastructure for manufacturing systems. Proceedings of Defense Manufacturing Conference,1993.

[132] Pennell J P, Winner R I, Bertrand H E, et al. Concurrent engineering:An

overview for autotestcon. IEEE Automatic Testing Conference,2002.

[133] Dove R. Agile supply-chain management. Automotive Production,1996, 108(4):16 - 17.

[134] Tan G W,Hayes C C,Shaw M. An intelligent-agent framework for concurrent product design and planning. IEEE Transactions on Engineering Management, 1996,43(3):297 - 306.

[135] Weld D S,Marks J,Bobrow D G. The role of intelligent systems in the national information infrastructure. AI Magazine,1995,2(1):379 - 380.

[136] Wintergreen Research Inc. Cals and EDI:Twin gateways to agile manufacturing and the virtual enterprise. (2002 - 06 - 01)[2014 - 04 - 01]. http://www. researchandmarkets. com/reports/34159/cals_and_editwin_gateways_to _agile_manufacturing. pdf.

[137] Womack J P,Jones D T. From lean production to the lean enterprise. Harvard Business Review,1996,24(4):38 - 46.

[138] Yu E S K,Mylopoulos J,Lespérance Y. AI models for business process reengineering. IEEE Expert Intelligent Systems & Their Applications, 1996,11(4):16 - 23.

[139] Zand M,Samadzadeh M. Software reuse:Current status and trends. Journal of Systems & Software,1995,30(3):167 - 170.

[140] Zarli A,Richaud O. Requirements and technology integration for it-based business-oriented frameworks in building and construction. Journal of Information Technology in Construction,1999,4:53 - 75.

附 录

附录 I 伙伴选择与评估需求分析中
概念与对象的映射表

类	属性	对象属性	对象名称	评价方法
机遇	定性描述	DES	Project	ROO
	定量描述	DEF		
	项目标识	Project_id		
盟主企业	虚拟企业标识	Ve_id	Main Enterprise	核心资源
	虚拟企业名称	Ve_name		
	负责人	Leader		
伙伴企业	伙伴企业标识	Partner_id	Partner Enterprise	核心资源
	伙伴企业名称	Partner_name		
	负责人	Leader		

续表

类	属性	对象属性	对象名称	评价方法
核心资源	特种设备/夹/量/刀具	Material_resource	Core Resource	
	物料可用数量	Available_MAresource		
	人力资源	Human_resource		
	资金	Final_resource		
	知识库	K_repository		
招标文档	项目	Project	Biding Document	
	招标时间	Invite_time		
	投标时间	Biding_time		
	开标时间	Publish_time		
	招标对象	Biding_object		
合作条件	需要承担的子项目	Sub_projct	Cooperate Condition	
	利益风险分配格局	Benefit_advanture		
	合作形式	Cooperate_way		
	持续时间	Persist_period		
	合作紧密程度	Compact_grade		
	合作通信设施	Cooperate_ultility		
	共享知识和资源	Knowledge_share		
	数据交换标准	Communication_protocal		
时间	接受订单时间	T_order	Time	直接由伙伴提供信息获得;目标:时间短
	产品重新设计时间	T_design		
	过程重新设计时间	T_reset		
	生产计划时间	T_schedule		
	制造/装配时间	T_manufacture		
	包装和发运时间	T_shippment		

类	属性		对象属性	对象名称	评价方法
质量	设计质量	用户需求满足程度	R_grade	Q_design	BM(基准对比法) 目标:质量高
		为制造的适用程度	M_grade		
		为装配的适用程度	A_grade		
		并行设计的程度	P_grade		
	物料质量	原材料的特性	Raw_grade	Q_material	
		物料存储质量	S_grade		
		物料搬运质量	M_grade		
	过程质量	制造质量	M_grade	Q_process	
		采购质量	S_grade		
		装配质量	A_grade		
	管理质量	订单处理质量	O_grade		
		生产计划质量	P_grade		
		作业控制质量	W_grade		
		设备可用率	E_grade		
	劳动力质量	直接劳动质量	D_grade		
		间接劳动质量	U_grade		
成本	生产成本		C_manufacture	Cost	直接由伙伴提供信息获得 目标:成本低
	包装成本		C_package		
	运输成本		C_shippment		
	库存成本		C_stock		
	投资成本		C_invest		
服务	售前服务	细致调研用户需求	S_fit	S_presale	BM(基准对比法); 目标:服务好
		辅助用户设计需求	S_assist		
		详尽的产品介绍	S_introduct		
	售中服务	中途需求调整	S_adjust	S_sale	
		制造信息反馈	S_feedback		
		发货准时程度	S_ontime		
		完成订单程度	S_complete		
		是否送货上门	S_onhome		

续表

类	属性		对象属性	对象名称	评价方法
服务	售后服务	终身保修服务	S_holdlife	S_postsale	BM（基准对比法）；目标：服务好
		质量跟踪服务	S_qtrack		
		维修响应速度	S_response		
		备（配件）供应情况	S_supply		
	生产能力	机遇产品的工艺能力	S_gy	S_manufacture	
	销售能力	机遇产品的销售能力	S_scale	S_market	
先进性	信息化程度		A_information	Advancement	一致分析法；目标：一致性高
	标准化程度		A_standlization		
	制造过程的自动化程度		A_automation		
创新能力	创新产品的设计能力		I_design	Innovation	BM（基准对比法）；目标：创新性高
	产品的适应能力		I_adaption		
	生产能力的适应性		I_flexition		
	生产组织的适应性		I_organization		
	劳动者的学习能力		I_train		
后勤	具有能够到达敏捷企业和其用户的全球运输网络		L_network	Logistics	BM（基准对比法）；目标：敏捷可靠
	具有通过网络改变货物运输方式的内部转换能力		L_flexition		
	具有能实时联结全部敏捷企业及其用户的通信系统		L_communication		
	具有对货物的分解与集成的能力		L_integration		
环境	制造过程的绿色度		E_process	Environment	BM（基准对比法）；目标：环保性高
	产品使用的绿色度		E_use		
	回收处理的绿色度		E_reuse		

类	属性	对象属性	对象名称	评价方法
管理与文化	生产战略观念的兼容性	M_stratigate	Management & Culture	二元模糊分析法；目标：兼容性
	管理体制的兼容性	M_structure		
	管理水平的兼容性	M_level		
	企业文化的兼容性	M_culture		
其他因素	其他影响因素包括伙伴企业的合作态度、企业信誉以及所在国家政策法规、国家基础设施等多种因素，须视具体情况决定是否列入关键决策因素之列			

附录Ⅱ AHP法确定价值链各级优化目标的权重

1. AHP法的基本原理

AHP法研究的问题为：已知集合 $C=\{c_1,c_2,c_3,\cdots,c_n\}$，且已知集合中各元素的两两相对重要性 α_{ij}，求解各元素 c_i 对整个集合 C 的相对重要性 δ_i。

根据 Saaty 给出的权重表示，用 1,3,5,7,9 表示各元素之间的两两相对重要性 α_{ij}，如附表1所示。如果需要，可以用 2,4,6,8 来表示两个程度的中间状态。相反地，用其倒数表示不重要性 α_{ji}。则各元素之间的相对重要性判断矩阵 A 可以表示为：

$$A=\begin{bmatrix} a_{11} & a_{12} & a_{13} & \cdots & a_{1n} \\ a_{21} & a_{22} & a_{23} & \cdots & a_{2n} \\ a_{31} & a_{32} & a_{33} & \cdots & a_{3n} \\ \vdots & \vdots & \vdots & & \vdots \\ a_{n1} & a_{n2} & a_{n3} & \cdots & a_{nn} \end{bmatrix}$$

附表1 两两比较的重要性

语言上的评价	评分值(α_{ij})
绝对重要	9
重要得多得多	7
很重要	5
略为重要	3
相同重要	1

相对重要性判断矩阵 $\boldsymbol{A}$ 的特征多项式为：$f(\lambda) = \det | \lambda \boldsymbol{I} - \boldsymbol{A} |$。

令 $f(\lambda) = 0$，计算矩阵 $\boldsymbol{A}$ 的最大特征值 $\lambda_{A\max}$ 及相应的特征向量 $\boldsymbol{v}_{A\max}$。

$$\boldsymbol{v}_{A\max} = [v_1, v_2, v_3, \cdots, v_n]^{\mathrm{T}}$$

其归一化特征向量为：

$$\boldsymbol{\delta}_{A\max} = [\delta_1, \delta_2, \delta_3, \cdots, \delta_n]^{\mathrm{T}}$$
$$= [v_1, v_2, v_3, \cdots, v_n]^{\mathrm{T}} / \sum_{i=1}^{n} v_i$$

归一化特征向量的各个数值 δ_i 就表示量化了的对应各个元素之间的相对重要性。

2. 基于 AHP 法的各优化目标权重因子的确定

设优化指标 C 的子指标为 $u_1, u_2, \cdots, u_n$，它们相对于 C 的权重分别为 w_1，$w_2, \cdots, w_n$。对各指标采用两两比较法得到判断矩阵 $\boldsymbol{A}_{ij}$，计算 $\boldsymbol{\delta}_{A\max}$。

由于人们对于复杂事物的各因素进行两两比较时，判断不可能完全一致，所以在计算之前，要先检验判断矩阵的逻辑一致性。以 CR＝CI/RI 作为判断矩阵一致性的指标，式中，CI＝$(\lambda_{\max} - n)/(n-1)$，$\lambda_{\max}$ 为判断矩阵 $\boldsymbol{A}$ 的最大特征值，n 为判断矩阵的维数，RI 为平均随机一致性指标，1～10 阶矩阵的 RI 取值如附表 2 所示。一般来说，CR 越小，判断矩阵的一致性越好。当 CR≤0.1 时，即认为判断矩阵具有令人满意的一致性；否则，必须重新进行两两比较判断，并使之具有令人满意的一致性。

附表 2　平均随机一致性指标 RI

n	1	2	3	4	5	6	7	8	9	10
RI	0	0	0.58	0.90	1.12	1.24	1.32	1.41	1.45	1.49

3. 总排序和总一致性检验

上面得到的仅仅是一组子指标对其上层某一指标的权重向量。我们最终要得到各指标对于总目标的相对权重。合成排序权重的计算自上而下，将单准则下的权重进行合成，并逐层进行总的判断一致性检验。第 t 层上元素对总目标的合成排序向量 $w^{(t)}$ 由下式给出：

$$w^{(t)} = (w_1^{(t)}, w_2^{(t)}, \cdots, w_n^{(t)})^{\mathrm{T}} = \boldsymbol{P}^{(t)} w^{(t-1)}$$

并且一般有 $w^{(t)} = \boldsymbol{P}^{(t)} \boldsymbol{P}^{(t-1)} \cdots w^{(2)}$。

其中，$\boldsymbol{P}_j^{(t)} = (\boldsymbol{P}_{1j}^{(t)}, \boldsymbol{P}_{2j}^{(t)}, \cdots, \boldsymbol{P}_{n_t j}^{(t)})^{\mathrm{T}}$ 表示第 t 层上第 n_t 个元素对第 $t-1$ 层上第 j 个元素的排序权重向量；$w^{(2)}$ 是第 2 层上元素对总目标的排序向量，即单准则

下的排序向量。

我们从上到下逐层进行一致性检验，第 t 层的综合指标 $CI^{(t)}$，$RI^{(t)}$，$CR^{(t)}$ 应为：

$$CI^{(t)} = (CI_1^{(t)}, \cdots, CI_{n_{t-1}}^{(t)}) \boldsymbol{w}^{(t-1)}$$

$$RI^{(t)} = (RI_1^{(t)}, \cdots, RI_{n_{t-1}}^{(t)}) \boldsymbol{w}^{(t-1)}$$

$$CR^{(t)} = CI^{(t)} / R.I.^{(t)}$$

其中，$CI^{(t)}$ 表示以 $t-1$ 层上元素为准则的一致性指标；$RI^{(t)}$ 表示平均随机一致性指标；$CR^{(t)}$ 表示一致性比例，当 $CR^{(t)} < 0$ 时，认为递阶层次结构在 t 层水平上的所有判断具有整体令人满意的一致性。

附录Ⅲ　VCI 的软件需求分析

1. 提供 VCI 建模工具

VCI 是由大量复杂的经营过程组成的，其中的活动、触发事件、意外情况的类型和数量使 VCI 的广度和深度都远远超出了人们的理解范围，不借助建模工具，VCI 将是不可行的。VCI 建模工具应具有以下功能：

（1）提供面向经营过程的可扩展功能组件库；

（2）提供将各功能组件装配成价值链的方法；

（3）提供对功能组件和价值链的编辑和查询服务；

（4）提供对支持分布式团队建模的版本控制和安全机制；

（5）提供显示整体和局部视图的工具；

（6）提供 VCI 模型与 UML 相互转化的接口；

（7）提供 VCI 模型与工作流模型的接口。

2. 支持 VCI 中各合作伙伴之间的协作

异地分布的合作伙伴所处的环境和拥有的条件千差万别，经营决策维持其自治性，而且 VCI 中还不可避免地存在偏离计划的各种扰动。所以，VCI 集成平台必须能够支持合作伙伴之间的协作，它需要具备以下功能：

（1）可以支持每个合作伙伴的平行或序列决策活动；

（2）保证合作伙伴的局部自治；

（3）通过 VCI 的整体价值目标对合作伙伴的行为进行约束；

（4）以合适的调度策略对共享资源的并发操作进行调度；

(5)允许根据权限对异地的数据库信息进行访问和操作；

(6)保证数据的安全性、一致性、完整性；

(7)验证数据的合法性和有效性。

3.支持异构的分布式通信环境

VCI的集成平台包含在虚拟企业集成框架中,它需要和其他系统进行实时信息交换。基于虚拟企业的分布式架构,VCI的集成平台必须是开放的。它需具有以下基本功能：

(1)提供VCI与其他应用软件的信息交互手段；

(2)支持异地、多地的通信；

(3)对异构的硬件环境具有适应性；

(4)对异构的操作环境具有适应性；

(5)对异构数据库具有适应性；

(6)对不同网络通信协议具有适应性。

4.VCI运行的激活、监控、数据分析和评价功能

建立VCI集成平台的最终目的是借助平台实现对整个虚拟企业的VCI的设计、实施、监控、调度并进行有效的管理和操作,所以,它必须提供以下功能：

(1)应用构件的属性、输入、输出、约束和数据库的初始化功能；

(2)模拟仿真功能；

(3)拥有可供所有合作伙伴并行工作的各类交互界面；

(4)对各阶段的运行数据的记录和查询功能；

(5)帮助决策者监控VCI的运行,诊断VCI可能产生异常情况的过程和原因；

(6)针对各种异常情况为决策者和调度人员提供相关的处理和协调途径；

(7)确认VCI中的瓶颈；

(8)为虚拟企业评价系统提供关键的经营数据,并进行技术处理和分析；

(9)帮助决策者对合作伙伴的表现进行客观的评价和考核。

5.为用户提供友好的操作环境

VCI集成平台是面向价值链上各层次人员的,为了达到好学易用和减少误操作的效果,其操作界面应该是十分友好的,故因具备以下功能：

(1)编程必须是面向对象和事件驱动的,使用者只需指定对象和事件；

(2)支持面向对象和面向过程的应用；

(3)支持对象的成组和分解；

(4)为常用的操作和信息服务提供快捷的方式；

（5）为用户所有可能的操作提供交互界面；

（6）提供 VCI 建模的图形编辑器；

（7）通过简易的方法能够对现有的过程进行修改和完善；

（8）为用户的误操作提供必要的帮助信息；

（9）可为用户提供实时在线帮助。

附录Ⅳ　缩写词

ACID	Atomicity，Consistency，Isolation，Durability	原子性、一致性、隔离性、永久性
AHP	Analytic Hierarchy Process	层次分析法
AM	Agile Manufacturing	敏捷制造
AM	Assets Management	资产管理
ANS	Agent Name Server	代理名称服务器
ARPA	Advanced Research Projects Agency	高级研究计划局
ASP	Application Service Provider	应用服务提供者
BOM	Bill of Material	物料清单
BOU	Basic Organization Unit	基本组织元
BPR	Business Process Reengineering	经营过程重组
CAM	Computer Aided Manufacturing	计算机辅助制造
CE	Collaboration Engineering	协作工程
CE	Concurrent Engineering	并行工程
CIMS	Computer Integrated Manufacturing System	计算机集成制造系统
CORBA	Common Object Request Broker Architecture	公共对象请求代理结构
CRM	Customer Relationship Management	顾客关系管理
CPM	Critical Path Method	关键路线法
CSCW	Computer Supported Cooperative Work	计算机支持的协同工作
DEM	Digital Elevation Model	数字高程模型
EDI	Electronic Data Interchange	电子数据交换
ERP	Enterprise Resource Plan	企业资源计划
ET	External Team	外部项目组
FEM	Finite Element Method	有限元法

GA	Gateway Agent	网关代理
GD	Global Database	全局数据库
GERT	Graphical Evaluation and Review Technique	图示评审技术
GK	Global Knowledge	全局知识库
GT	Group Technology	成组技术
IDL	Interface Definition Language	界面定义语言
IDSS	Intelligence Decision Support System	智能决策支持系统
IT	Information Technology	信息技术
IT	Internal Team	内部项目组
JIT	Just In Time	适时生产
KIF	Knowledge Interchange Format	知识交换格式
KQML	Knowledge Query Manipulation Language	知识查询与操纵语言
KSE	Knowledge Sharing Effort	知识共享组织
LP	Lean Production	精良生产
MAS	Multi Agent System	多代理系统
MES	Manufacture Execution System	制造执行系统
MM	Material Management	物料管理
MRP-II	Manufacturing Resource Planning	制造资源规划
OLAP	Online Analytical Processing	联机分析处理
OMG	Object Management Group	对象管理组织
OMT	Object Modeling Technique	对象建模技术
ORB	Object Request Broker	对象请求代理
OSTN	Object State Translation Network	对象状态转移网络
PDM	Product Data Management	产品数据管理
PERT	Program Evaluation and Review Technique	计划评审技术
PU	Process Unit	过程单元
QFD	Quality Function Deployment	品质功能部署
QM	Quality Management	质量管理
RAD	Role Activity Diagram	角色活动图
RRS	Reconfigurable,Reusable,Scalable	可重构、可重用、可扩充
SCM	Supply Chain Management	供应链管理
SD	Sales and Distribution	销售与分销
TPL	Third Party Logistics	第三方物流

TQM	Total Quality Management	全面质量管理
UML	Unified Modeling Language	统一建模语言
VCI	Value Chain Integration	价值链集成
VE	Virtual Enterprise	虚拟企业
VEIF	Virtual Enterprise Information Frame	虚拟企业信息框架
VEM	Virtual Enterprise Modeling	虚拟企业建模
VEMM	Virtual Enterprise Modeling Methodology	虚拟企业建模方法
VERT	Venture Evaluation and Review Technique	风险评审技术
VFC	Virtual Foundation Class	虚拟基础库
VMI	Vendor Managed Inventory	供应商管理库存
VO	Virtual Organization	动态联盟体
WfMC	Workflow Management Coalition	工作流管理联盟
WfMS	Workflow Management System	工作流管理系统
WIL	Workflow Intermediate Language	工作流中介语言
WIT	Workflow Item	工作项

索 引

O

OMG 8,13

W

外部项目组 19,20,40,148

Y

遗传算法 119,121,122,124,156

云制造 14